Los Rangers de Texas

Una guía fascinante sobre la historia de un organismo policial que ayudó a detener a los criminales más infames de Estados Unidos y su papel en la guerra mexicano-estadounidense

© Copyright 2021

Todos los derechos reservados. Ninguna parte de este libro puede ser reproducida de ninguna forma sin el permiso escrito del autor. Los revisores pueden citar breves pasajes en las reseñas.

Descargo de responsabilidad: Ninguna parte de esta publicación puede ser reproducida o transmitida de ninguna forma o por ningún medio, mecánico o electrónico, incluyendo fotocopias o grabaciones, o por ningún sistema de almacenamiento y recuperación de información, o transmitida por correo electrónico sin permiso escrito del editor.

Si bien se ha hecho todo lo posible por verificar la información proporcionada en esta publicación, ni el autor ni el editor asumen responsabilidad alguna por los errores, omisiones o interpretaciones contrarias al tema aquí tratado.

Este libro es solo para fines de entretenimiento. Las opiniones expresadas son únicamente las del autor y no deben tomarse como instrucciones u órdenes de expertos. El lector es responsable de sus propias acciones.

La adhesión a todas las leyes y regulaciones aplicables, incluyendo las leyes internacionales, federales, estatales y locales que rigen la concesión de licencias profesionales, las prácticas comerciales, la publicidad y todos los demás aspectos de la realización de negocios en los EE. UU., Canadá, Reino Unido o cualquier otra jurisdicción es responsabilidad exclusiva del comprador o del lector.

Ni el autor ni el editor asumen responsabilidad alguna en nombre del comprador o lector de estos materiales. Cualquier desaire percibido de cualquier individuo u organización es puramente involuntario.

Índice

INTRODUCCIÓN 1

CAPÍTULO 1 - STEPHEN AUSTIN Y LA FUNDACIÓN DE LOS RANGERS DE TEXAS 5
- LOS PRIMEROS AÑOS DE VIDA DE STEPHEN AUSTIN 6
- CRECIENTES PROBLEMAS EN LOS ASENTAMIENTOS 8
- LA CRECIENTE NECESIDAD DE LEY Y ORDEN 10
- LOS ÚLTIMOS AÑOS DE STEPHEN AUSTIN 11

CAPÍTULO 2 - EL CRECIENTE DESCONTENTO EN TEXAS Y LA GUERRA POR LA INDEPENDENCIA DE TEXAS 13
- ESTIPULACIONES IGNORADAS Y PROBLEMAS INICIALES 14
- EFECTOS DE LA GUERRA DE LA INDEPENDENCIA DE MÉXICO 15
- BAJO EL GOBIERNO DEL ESTADO DE COAHUILA 19
- RUMORES DE INDEPENDENCIA Y CRECIENTE RESENTIMIENTO TEXANO 21
- REBELIÓN E INDEPENDENCIA 23

CAPÍTULO 3 - LA PROTECCIÓN DE LOS NUEVOS COLONOS DESPUÉS DE LA REVOLUCIÓN 25
- UNA NUEVA FUERZA PERMANENTE 25
- CAMBIOS EN LOS RANGERS 27

CAPÍTULO 4 - EXPULSANDO A LOS NATIVOS DE SUS HOGARES 30
- LA GUERRA CHEROKEE 31
- LA LUCHA EN LA CASA DEL CONSEJO 33
- BATALLA DE PLUM CREEK 36

CAPÍTULO 5 - LA ANEXIÓN DE TEXAS 37
LA CALMA ANTES DE LA TORMENTA 38
CUMPLIMIENTO DE UNA EXPECTATIVA ANTERIOR 39
LA RESOLUCIÓN CONJUNTA PARA LA ANEXIÓN DE TEXAS 40

CAPÍTULO 6 - LA GUERRA ENTRE MÉXICO Y ESTADOS UNIDOS 43
LA CRECIENTE PREOCUPACIÓN DE MÉXICO 44
LA GUERRA DE MÉXICO 47
TRATADO DE GUADALUPE HIDALGO 49
CÓMO LUCHARON LOS RANGERS DE TEXAS PARA ASEGURAR LA VICTORIA DE EE. UU. 50

CAPÍTULO 7 - CORRUPCIÓN, PÉRDIDA DE POPULARIDAD, RECONSTRUCCIÓN Y RESTAURACIÓN DE UNA IMAGEN ANTERIOR 52
REANUDACIÓN DE LAS PATRULLAS 53
APROBACIÓN OFICIAL DE LA AGENCIA Y UNA NUEVA OLEADA DE PROBLEMAS 55

CAPÍTULO 8 - LA GUERRA DEL CORTE DE CERCOS 58
LA INTRODUCCIÓN DEL ALAMBRE DE PÚAS 58
LOS PROBLEMAS DE LAS TIERRAS TEJANAS 60
LOS RANGERS SE INVOLUCRAN 61

CAPÍTULO 9 - LA INJUSTICIA PERPETRADA POR LOS RANGERS DE TEXAS 63
PRÁCTICAS DISCRIMINATORIAS 63
SENTIMIENTO ANTIHISPÁNICO 64
ANTIGUOS ESCLAVOS 66

PARTE II - RANGERS FAMOSOS DE TEXAS Y SUS ENFRENTAMIENTOS MÁS FAMOSOS 68

CAPÍTULO 10 - ALGUNOS DE LOS RANGERS DE TEXAS MÁS NOTABLES 69
JOHN COFFEE HAYS 69
SAMUEL WALKER 70
BEN MCCULLOCH 71
WILLIAM WALLACE - PIE GRANDE 71

  John B. Armstrong 72

  John B. Jones 73

  El capitán Bill McDonald 73

  Frank Hamer 74

CAPÍTULO 11 - SAM BASS 76

  La vida de uno de los primeros forajidos del Oeste 76

  Los trenes como fuente de ingresos 78

  La explotación de un Texas debilitado y la guerra de Bass ... 79

  La muerte de Sam Bass 80

CAPÍTULO 12 - JOHN WESLEY HARDIN 83

  Vida temprana 83

  Un rastro de sangre 84

  Capturado por los Rangers de Texas 85

CAPÍTULO 13 - EL INTENTO DE ASESINATO 87

  Un encuentro histórico 87

  El atentado contra la vida de dos presidentes 88

CAPÍTULO 14 - PAPEL EN LA GUERRA DE LOS BANDIDOS 90

  Pudriéndose por dentro 91

  El plan de San Diego 92

  Comienza la guerra de los bandidos 92

CAPÍTULO 15 - ATRAPANDO A BONNIE Y CLYDE 96

  La banda de Barrow 96

  Con el apoyo del FBI 99

CAPÍTULO 16 - EL ASESINATO DE IRENE GARZA 102

  El asesinato 103

  Apertura del caso sin resolver 104

CAPÍTULO 17 - SU PAPEL EN LA ACTUALIDAD 106

CONCLUSIÓN 109

VEA MÁS LIBROS ESCRITOS POR CAPTIVATING HISTORY 111

REFERENCIAS 112

Introducción

Antes de que Texas se convirtiera en un estado de los Estados Unidos de América, se formaría la que sería la primera agencia estatal encargada de hacer cumplir la ley. Durante unos 150 años, este grupo de agentes de la ley ha sido visto tanto como héroes como villanos. A menudo representados en las películas y en la televisión como el tipo de hombres que defienden la justicia o que son víctimas de chicos malos verdaderamente siniestros, la realidad era mucho menos blanca y negra.

Fundados por Stephen F. Austin en 1823, los Rangers de Texas comenzaron como un grupo de voluntarios que patrullaban las fronteras y los pueblos del territorio mexicano. Los Rangers, que servían tanto de protectores de los colonos como de policías contra los delincuentes dentro del asentamiento, tenían una amplia gama de habilidades. Cuando empezaron, eran simplemente diez hombres, pero crecieron rápidamente a medida que más hombres se ofrecían como voluntarios. Con el tiempo, el número de colonos estadounidenses que se trasladaron a Texas superaría al de mexicanos. A raíz de algunos cambios en la forma en que México gobernaba los estados y asentamientos, los tejanos decidieron que vivían bajo una tiranía en lugar de un gobierno como el que estaban acostumbrados en EE. UU. Con unos lazos más estrechos con EE.

UU. que con México, los estadounidenses que vivían en Texas acabarían decidiendo que necesitaban independizarse de México, iniciando la Revolución de Texas en 1835. Al final de la misma, Texas era una nación independiente. Sin embargo, pasarían algunos años antes de que decidieran formar parte de Estados Unidos.

Si bien los Rangers de Texas se volcaron contra los mexicanos, el trato a los nativos americanos fue de absoluto desprecio y crueldad desde casi el principio. En los primeros tiempos, algunos pueblos nativos se unieron a los Rangers, pero después de que Texas se separara de México, la actitud hostil adoptada hacia los nativos hizo casi imposible que ninguno de ellos siguiera siendo voluntario. Al expulsar a los pueblos de sus tierras para que otros tejanos se hicieran con el control de las mismas, los Rangers fueron eficaces y despiadados. Algo de esto habían logrado dominar durante la guerra, en particular las tácticas de guerrilla que utilizaban. Una campaña de seis meses de duración en la que se unieron a los tónkawa para eliminar a los comanches (un antiguo enemigo de los tónkawa) sería lo que lanzó a los Rangers al primer plano de la conciencia texana como una fuente de protección más fiable. Recurrirían cada vez más a los Rangers, que estaban menos regulados que otras fuerzas armadas, en lugar de al ejército estadounidense para protegerse de las amenazas percibidas. Como resultado de esta confianza en los Rangers, los miembros de la organización se volverían mucho más despiadados y agresivos a la hora de tratar con cualquiera que percibieran como delincuente.

En 1874, los Rangers se convirtieron en un brazo oficial de la ley gracias a la legislación aprobada en Texas. Uno de sus primeros actos oficiales fue expulsar a los comanches y kiowas de Texas. Esto hizo que los potenciales colonos sintieran que Texas podía ser el lugar ideal para establecerse, ya que los Rangers de Texas habían demostrado su capacidad para expulsar a los nativos. Los Rangers harían además que los nuevos colonos se sintieran seguros al mantener la paz. Sin embargo, los métodos utilizados para mantener la paz eran a menudo cuestionables y, con el tiempo, la población de Texas se mostró menos dispuesta a recurrir a los Rangers. A lo largo de los años, los Rangers fueron considerados tanto héroes como villanos, dependiendo de quién dirigiera la agencia de seguridad y de los métodos que utilizara para lograr sus objetivos. A veces, el cumplimiento de sus funciones les valía el desprecio, sobre todo cuando capturaban o mataban a antihéroes muy queridos por el pueblo. Otras veces, los Texas Rangers se ganaban el desprecio por su crueldad y su afán de recurrir a la violencia. Como gran parte del resto del Salvaje Oeste, los Rangers de Texas presentan una interesante dicotomía que les ha valido un famoso e infame lugar en la historia de Estados Unidos.

Una de las razones por las que mucha gente ha oído hablar de los Texas Rangers en la actualidad (y por las que son una opción popular para los personajes de la televisión y el cine) es por el papel que han desempeñado como agentes de la ley. Son casi tan conocidos como el FBI y son más conocidos que casi cualquier otra agencia policial. Durante más de cien años después de su formación, serían responsables de acabar con algunos de los estadounidenses más infames, incluidos los romantizados Bonnie y Clyde.

Su papel en la historia de EE. UU. es tan sólido como líquido; han sido una fuerza siempre presente en Texas, incluso antes de que fuera un estado estadounidense, pero su papel siempre ha cambiado en función de lo que se necesitaba de ellos. Comenzando como una milicia para proteger a los colonos de los nativos americanos y de ellos mismos (los Rangers siempre han luchado contra los delincuentes), evolucionarían hasta convertirse en la organización que se menciona a menudo en la televisión y el cine. Aunque su papel en la historia ha sido a veces dudoso, y su popularidad ha sido tan volátil como las tierras que colonizaron, los Rangers de Texas se han ganado en gran medida su reputación de pacíficos agentes de la ley. Ninguna organización es perfecta, pero hoy en día desempeñan un papel muy importante en la aplicación de la ley como parte del Departamento de

Seguridad Pública de Texas. Se les llama para que investiguen crímenes no resueltos, corrupción y tiroteos en los que están implicados agentes. Al igual que al principio, hoy en día desempeñan muchas funciones diferentes para servir al público.

Capítulo 1 - Stephen Austin y la fundación de los Rangers de Texas

Es difícil imaginar la historia temprana de esta famosa (a veces infame) organización. Fundada por un estadounidense que se había establecido en Texas tras la invitación de México a los estadounidenses para que se establecieran en esas tierras, su objetivo era proporcionar el tipo de protección que faltaba en los asentamientos fuera de los territorios estadounidenses, ya que los españoles, y luego los mexicanos, dejaron en gran medida que los colonos se protegieran a sí mismos.

El estadounidense que fundó los Rangers de Texas fue Stephen Fuller Austin. Hoy se le conoce como el Padre de Texas, en parte por su papel en la ayuda a la rebelión de Texas contra México, pero también por su dedicación a garantizar la seguridad de los colonos que vivían en el futuro estado estadounidense.

Los primeros años de vida de Stephen Austin

Nacido en el suroeste de Virginia en 1793, Stephen Fuller Austin nació en una familia privilegiada. Como hijo primogénito, se esperaba que se hiciera cargo del negocio familiar, que se dedicaba al sector minero. Cuando solo tenía cinco años, su familia se trasladó a Missouri. A la temprana edad de once años, sus padres le enviaron a vivir con unos parientes en Connecticut para que recibiera una educación que le preparara para el futuro que imaginaban para su hijo mayor. Austin asistió a la Academia Bacon, con un enfoque en inglés, latín, griego, geografía, geometría, lógica, retórica y escritura. Tras su graduación en 1810, Austin se trasladó a Lexington, Kentucky, para asistir a la Universidad de Transilvania. Obtuvo un certificado de la escuela en 1810 y regresó a Ste. Genevieve, Missouri.

Tras su regreso a casa, Austin se dedicaría a diferentes ocupaciones, además de trabajar en el negocio de su familia. El tiempo que desempeñó un papel destacado en el negocio familiar requirió una formación adicional, por lo que Austin recibió una educación informal de su familia sobre cómo gestionar el negocio. Cuando EE. UU. luchó en la guerra de 1812, Austin fue a Nueva Orleans y trabajó como jefe de embarque. Durante este tiempo, contrajo malaria, una enfermedad que causa problemas para el resto de la vida de quien la padece. Después de esto, Austin sirvió como miliciano en el actual estado de Illinois. Austin aprendería a tratar terriblemente a la población nativa, ya que el trabajo principal de la milicia consistía en hostigar a la gente cuyas tierras robaban los colonos.

No contento con seguir dirigiendo el negocio de su padre, Austin se presentó a un escaño legislativo en Missouri durante 1815. Fue elegido y comenzó su servicio en el Congreso de Missouri en diciembre de ese año.

El negocio familiar acabó fracasando, por lo que la familia se trasladó al oeste. El padre de Austin, Moses, amaba el terreno abierto y la belleza del territorio. Sin embargo, también estaba muy endeudado. Algunos historiadores dicen que el traslado a la Texas española formaba parte de un plan para escapar de la gran deuda que había acumulado. Moses no podía simplemente trasladar colonos a la zona porque era parte de otro país; como tal, se necesitaba un permiso, así que ideó un plan para dirigirse al gobernador Antonio Mariá Martínez para que le permitiera llevar colonos al territorio del norte de México. Tras recibir el permiso a través de un acuerdo respaldado por España, Moses, su familia y otros colonos iniciaron su viaje al territorio a finales de 1820, aun cuando la guerra de Independencia de México seguía su curso. Esto llegaría a ser un problema al año siguiente, cuando México ganó la guerra, pero Moses no sería el encargado de solicitar el permiso a México para colonizar las tierras. Esto se lo dejó a su hijo, Stephen Austin, porque Moses había contraído una neumonía mientras regresaba a su familia para decirles que había recibido el permiso para asentarse en el territorio. No vivió para ver el éxito del asentamiento ya que murió en 1821. Stephen Austin continuó completando el deseo de su padre, aunque no sin considerables esfuerzos y problemas.

Moses Austin había conseguido una subvención para asentar hasta trescientos americanos en 200.000 acres en el norte del territorio mexicano. Austin condujo a los colonos a los actuales ríos Brazos y Colorado, llegando a la región a finales de 1821 o principios de 1822. Sin embargo, el asentamiento no fue su mayor problema, ya que España había perdido todos los derechos sobre la región.

Crecientes problemas en los asentamientos

La guerra de la Independencia de México comenzó en 1810, siendo un sacerdote católico llamado Miguel Hidalgo y Costilla el que pidió el cambio. México conseguiría finalmente su independencia el 28 de septiembre de 1821 (no el 5 de mayo como mucha gente cree, fecha que se celebra hoy en día por la victoria contra los franceses en 1862). El nuevo país había superado por fin lo que consideraban el dominio opresivo de España, que comenzó menos de cincuenta años después de que Estados Unidos se separara de Inglaterra. Algunos dicen que Hidalgo se inspiró en las acciones de la Revolución francesa, aunque no en la victoria del vecino del norte de México.

Aunque esto era bueno para México, significaba que Austin tendría que renegociar los términos y condiciones del asentamiento, que aún estaba en sus inicios. Cuando Moses había hecho un acuerdo sobre el asentamiento del territorio, este había sido aprobado por España, por lo que México no reconocería el acuerdo que se había hecho. El paso de Stephen Austin por la legislatura de Missouri ayudó, ya que pudo negociar la continuación del asentamiento.

Sin embargo, los problemas estaban lejos de terminar, ya que el nuevo país se encontraba en plena lucha por el poder. Un general mexicano llamado Agustín de Iturbide reclamó para sí el título de emperador tras el final de la guerra, pero acabó siendo una figura muy impopular debido al extravagante estilo de vida que intentó llevar en una nación incipiente. Los mexicanos pronto empezaron a respaldar a la figura histórica mucho más conocida para la gente de hoy, Antonio López de Santa Anna. Esta confusión interna se resolvió finalmente en la primavera de 1823 cuando Iturbide abdicó de su trono.

Stephen Austin no solo tuvo que lidiar con la volátil situación en México, sino también con los nativos americanos, que atacaban constantemente a los colonos, ya que nunca se habían molestado en intentar negociar con los comanches y otros pueblos nativos. Tratar de atender todas las necesidades de los colonos y a la vez protegerlos de una amplia gama de amenazas significaba que las finanzas de Austin estaban al límite.

Además de esto, Austin era responsable de quienes querían inmigrar a la tierra que México les había permitido colonizar. El gobierno mexicano no quería que demasiados extranjeros poblaran sus tierras, pero no tenía la capacidad de proporcionar ninguna asistencia legal o protección a los que llegaban. En cambio, todas las necesidades eran responsabilidad de Austin. Desde la creación de toda la infraestructura social —desde carreteras y escuelas hasta graneros y aserraderos— hasta la aplicación de la ley y la distribución de las tierras, Austin se vio arrastrado en muchas direcciones diferentes en los primeros años del asentamiento.

Sin embargo, quizá la posición más difícil que ocupó fue la de tratar con el gobierno mexicano. México no podía ayudar a los colonos, pero seguía esperando que estos siguieran las leyes mexicanas. Esto incluía la prohibición de la esclavitud, algo a lo que los colonos americanos se negaban a renunciar. A pesar del deseo de mantener a todas las personas marginalmente libres en México, Austin pudo negociar para que los estadounidenses conservaran sus esclavos después de que el gobierno mexicano prohibiera la institución en 1829.

Sin embargo, con el tiempo, muchos estadounidenses empezaron a sentir que el gobierno mexicano se estaba volviendo opresivo. Algunos querían negociar nuevas condiciones, mientras que otros querían que Texas se separara totalmente del país y se convirtiera en su propia nación. Austin estaba a favor de permanecer como parte de México.

La creciente necesidad de ley y orden

En medio de todos estos problemas crecientes, Austin se vio obligado a buscar una forma de proteger a la población sin restarle importancia a la increíble carga que llevaba sobre sus hombros. El problema más inmediato tras el asentamiento inicial provenía de las poblaciones nativas. Las principales tribus que atacaban y asaltaban continuamente los asentamientos americanos eran los comanches, los karankawa y los tónkawa. Aunque Austin estaba limitado en lo que podía hacer para contrarrestar estos ataques, México le permitió establecer una milicia para luchar contra los pueblos nativos que hacían incursiones, así como para patrullar las tierras y arrestar a los criminales.

Mientras Austin se encontraba en la Ciudad de México trabajando para salvaguardar los derechos de seguir asentándose, uno de sus tenientes, Moses Morrison, comenzó a formar una milicia para proteger a los colonos. Pidiendo que diez hombres estuvieran a la altura de las circunstancias, reunió un pequeño contingente para ir a la costa de Texas, donde las tribus karankawa y tónkawa atacaban continuamente a los colonos.

Cuando Austin regresó, duplicó el número de la milicia hasta llegar a veinte. Cada uno de los miembros de la milicia cobraba quince dólares al mes, que a menudo se pagaban en propiedades en lugar de en dinero. Estos veinte hombres serían los primeros miembros de la organización que llegaría a conocerse como los Texas Rangers.

En los primeros tiempos, se pedía a los hombres que respondieran a diferentes necesidades, por lo que la milicia no era permanente. Cuando no se necesitaban sus servicios, los voluntarios se disolvían para que pudieran hacer lo necesario para sus familias. Nadie se trasladaba a esta región para servir estrictamente como militar, por lo que no era posible mantener las fuerzas durante más tiempo del necesario. Tampoco tenían el nombre que se utiliza actualmente para referirse a ellos, sino que recibían muchos nombres diferentes, como minutemen, scouts y espías. Tampoco eran exigentes en cuanto a quiénes se alistaban, ya que hispanos, anglosajones y nativos desempeñaban una gran variedad de funciones. Hasta 1835, estos hombres servían principalmente como protectores cuando se les necesitaba. Sin embargo, todo cambiaría cuando el deseo de independencia de Texas se desbordó y una lucha diferente requirió una fuerza de hombres más dedicada.

Los últimos años de Stephen Austin

Tras el llamamiento mexicano para impedir la entrada de más colonos en el asentamiento americano, los estadounidenses comenzaron a llamar a la rebelión. Austin, un hábil político, fue capaz de hacer uso de una laguna jurídica, que seguía permitiendo la entrada de colonos en la región. Esto anuló la esperanza de México de limitar la influencia de los colonos en el territorio mexicano. A medida que entraba más gente en la zona, crecía el sentimiento independentista.

Correspondió a Austin tratar de aplacar el creciente clamor, algo que resultó cada vez más difícil ya que él no estaba a favor de la independencia de Texas. Cuando no se mostró receptivo a sus demandas, algunos de los colonos redactaron sus propias constituciones y las propusieron en la Convención de 1833 en San Felipe. Allí propusieron el nombre de Texas para el nuevo estado independiente. Como representante de los colonos, Austin tuvo que llevar esto y una lista de las demandas de los colonos a la Ciudad de México para presentarlas a Santa Anna.

Esta medida tuvo resultados contradictorios, ya que Santa Anna decidió revocar la prohibición de entrada de más colonos en la zona, pero negó la petición de convertirse en estado. Esto significó que más estadounidenses podrían seguir trasladándose a la zona. Sin embargo, no convertirse en estado fue un duro golpe para Austin, y Santa Anna agravó el problema cuando decidió dar un escarmiento al representante de los colonos. Culpando a Austin de lo que parecía ser una insurrección en el asentamiento, Santa Anna lo hizo encarcelar hasta julio de 1835. A pesar de ello, Austin seguía estando en gran medida en contra de la idea de la independencia, ya que ese nunca había sido el objetivo de su padre.

Tras perder ante los colonos en su demanda de independencia, Austin se unió a la Revolución de Texas en octubre de 1835. A finales de año, fue a Washington, DC, para solicitar más apoyo. Dado que los colonos eran estadounidenses, esperaba obtener apoyo militar basado en el deseo del joven gobierno estadounidense de proteger a su propio pueblo. Sin embargo, también sugirió la anexión del territorio a EE. UU., quizá como forma de convencerles de que tenían otro interés en la lucha. Sabiendo que se necesitaba algo más que la aportación de los políticos, Austin trató de ganarse la opinión favorable del público. Pronunciando discursos a medida que viajaba, el representante del asentamiento se esforzó por alentar la revolución a la que tanto se oponía en un principio.

Al principio, sus súplicas no tuvieron éxito, y Austin regresó con los colonos en 1836. La guerra había terminado poco antes de su llegada, y estaban en proceso de formar un gobierno. Austin no consiguió ser el primer presidente del nuevo estado independiente, perdiendo ante el también famoso Sam Houston. Sin embargo, esto resultó ser lo mejor, ya que Austin se convirtió en el primer secretario de Estado, aunque por un período muy corto de tiempo. La elección para la presidencia se decidió en el otoño de 1836, poco después de que Austin se convirtiera en secretario de Estado. Sin embargo, no vio ningún progreso real en el nuevo estado, ya que murió a finales de diciembre de 1836.

Capítulo 2 - El creciente descontento en Texas y la guerra por la independencia de Texas

Menos de tres décadas después de que los mexicanos se rebelaran contra España, los asentamientos del norte mexicano se rebelaron contra México. Se habían hecho estipulaciones antes de la llegada de los colonos, pero México no tuvo tiempo de hacerlas cumplir. Como resultado, los territorios del norte crecieron y evolucionaron separados del nuevo país de México.

A medida que el malestar se convertía en resentimiento, Stephen Austin se encontraba constantemente en el lado perdedor tratando de evitar que los colonos y los mexicanos se enfrentaran. Después de aproximadamente una década, las tensiones estallaron en la Revolución de Texas. Los Rangers de Texas pasaron de actuar como protectores de la población nativa y de los delincuentes a convertirse ellos mismos en forajidos. El territorio conocido como la Texas mexicana se convirtió en su primer campo de batalla, cambiando la forma en que los colonos veían a la organización.

Estipulaciones ignoradas y problemas iniciales

Cuando Moses Austin recibió el permiso para trasladar a los colonos a la región, España había hecho varias estipulaciones que los colonos debían cumplir para que se les permitiera entrar en la tierra. Como España era uno de los últimos bastiones de la otrora poderosa Iglesia católica romana, España exigía que todos los colonos renunciaran a su religión y se convirtieran al catolicismo. Debían convertirse en católicos romanos practicantes, algo que iba en contra de la libertad religiosa a la que los colonos estaban acostumbrados como americanos.

La segunda estipulación era que todos los colonos renunciaran voluntariamente a su ciudadanía estadounidense. Los colonos se convertirían en mexicanos, aunque se diferenciarían de los ciudadanos naturales mexicanos al recibir el nombre de Tejanos, y también tendrían menos derechos que los ciudadanos naturales. Debían comerciar principalmente con México, aunque esta no fue una regla que se especificara al principio.

El último requisito era que todos los colonos liberaran a sus esclavos o los dejaran en Estados Unidos. La esclavitud era ilegal en México, y no querían que la institución fuera llevada a sus territorios por los estadounidenses, aunque continuaría, y los mexicanos la ignorarían en gran medida durante un tiempo.

Aunque todos estos eran requisitos que Moses aceptó, y que su hijo era responsable de asegurar que se cumplieran, ni España ni México tenían tiempo o capacidad para hacer cumplir estas estipulaciones. Estaban demasiado ocupados con la guerra como para prestar atención a los americanos que se adentraban en su territorio. Por ello, los colonos ignoraron los acuerdos, conservando su nacionalidad, sus religiones y sus esclavos. Dado que se acostumbraron a vivir sus vidas como les parecía, no vieron con buenos ojos los cambios que se producirían una vez finalizada la guerra de la Independencia de México y que este empezó a intentar ejercer un control más estricto sobre el territorio.

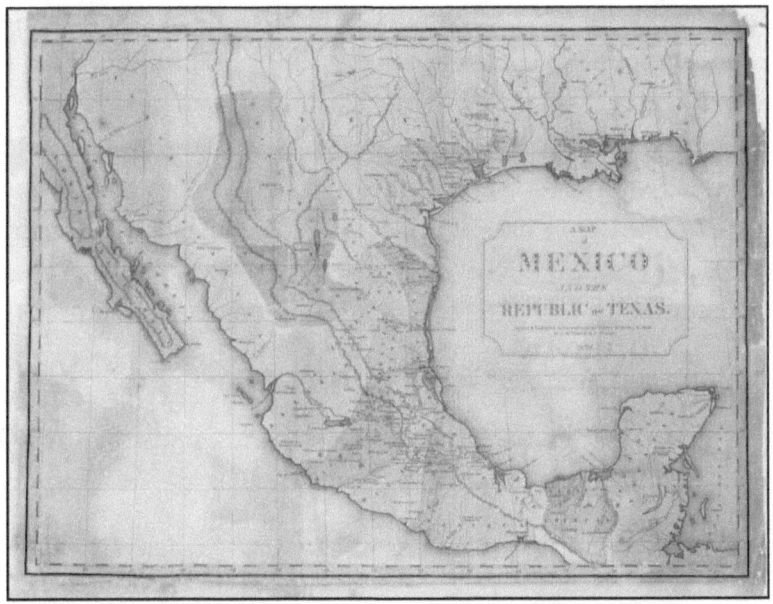

México y la recién independizada Texas, 1838
(Fuente: https://www.raremaps.com/gallery/detail/37793/a-map-of-mexico-and-the-republic-of-texas-1838-niles-pease)

Efectos de la guerra de la Independencia de México

Cuando México obtuvo finalmente su independencia, quiso asegurarse de que se cumpliera la norma en todos sus territorios y tierras, incluido el acuerdo hecho con Moses Austin. Stephen Austin aceptó elaborar un nuevo acuerdo con el nuevo gobierno. El gobierno mexicano quería un nuevo acuerdo, pero al mismo tiempo, estaba más que feliz de dejar que los estadounidenses se establecieran en el territorio. Las tierras estaban pobladas por nativos americanos que no veían con buenos ojos la presencia de invasores en sus tierras, y no reconocían a México como propietario de las mismas (al igual que no habían reconocido el robo de las tierras por parte de España). México tenía demasiados problemas con los que lidiar para sofocar la amenaza que suponían los pueblos nativos, y de igual modo preocupaba la presencia de Estados Unidos. México temía que la nación más consolidada intentara apoderarse de sus tierras mientras seguía expandiéndose hacia el oeste. Ya habían comprado una amplia franja de tierra con la Compra de Luisiana.

México pensó que permitiendo a los colonos estadounidenses residir en la región, resolvería ambos problemas. Los colonos podrían distraer a la población nativa, por lo que los nativos se convertirían en un problema estadounidense. Los mexicanos también pensaron que podrían controlar mejor a los estadounidenses; sin embargo, esto pronto resultó no ser cierto, ya que los estadounidenses serían mucho más difíciles de manejar que los nativos.

Los miembros del gobierno mexicano y los empresarios (agentes de tierras de Texas —Stephen Austin era uno de los empresarios) elaboraron un acuerdo bastante similar al realizado con los representantes españoles. Según el acuerdo con México, se permitiría a trescientos americanos establecerse en la región en nombre de México. Servirían como recurso para el nuevo país, desarrollando vínculos más estrechos con México que con Estados Unidos.

Austin aceptó las condiciones, algo que era casi seguro, ya que las trescientas familias ya habían llegado a la región antes de que se ganara la guerra de Independencia de México (habían llegado antes, en 1821). El acuerdo inicial entre Austin y el gobierno mexicano se conserva a buen recaudo en los archivos de la Oficina General de Tierras de Texas. Estos colonos originales llegarían a ser recordados con cariño como los "Viejos Trescientos". A cada una de las familias que se trasladaron a la región se les permitió asentarse en 4.605 acres. Sin embargo, Austin recibiría más tierras, ya que no solo era el empresario del asentamiento, sino que también era responsable de la gestión de los colonos. Debía cumplir con todos los requisitos que el gobierno mexicano enviaba y asegurarse de que se cumplieran las leyes mexicanas.

Muchos de los colonos originales renunciaron a su ciudadanía estadounidense; sin embargo, renunciar a sus esclavos no era algo que consideraran. La gran mayoría de los primeros trescientos colonos venían del sureste y habían sido agricultores de algodón. Hacer todo el trabajo duro que era necesario para cultivar las tierras del fondo que descansaban entre los ríos Brazos y Colorado no era algo que los colonos hubieran considerado siquiera, no cuando estaban acostumbrados a que los esclavos hicieran ese tipo de trabajo por ellos. Cabe señalar que no todos los colonos tenían esclavos, pero muchos de ellos sí. Desgraciadamente, México concedió a los nuevos colonos una excepción temporal que les permitía traer a sus esclavos para trabajar las tierras en los primeros tiempos. Esta excepción solo se concedió en el territorio de Texas-México, tratando a los colonos americanos allí de forma diferente a los demás habitantes de México, además de crear expectativas de que los colonos podrían conseguir lo que querían.

México no fue capaz de proporcionar mucho apoyo ni de hacer cumplir las leyes en los territorios, confiando en que los empresarios cumplieran con los términos de asentamiento en tierras mexicanas. Habían conseguido su independencia a un coste muy elevado, tanto en vidas como en recursos, y el nuevo país se enfrentaba a una grave devastación financiera cuando la guerra terminó en 1821. Las minas que habían producido una cantidad considerable de dinero bajo el control español no eran tan eficientes bajo el nuevo gobierno. La producción de alimentos también se redujo significativamente, ya que los mexicanos buscaban ganar más dinero en otras áreas. El desempleo era otro problema importante, ya que no había suficiente dinero en circulación para pagar a los trabajadores, lo que llevó a la gente a trasladarse con la esperanza de encontrar trabajo y sustento. El malestar y los problemas se agravaron aún más por la gran disparidad de clases dentro del incipiente país.

Las personas que ascendieron a los distintos puestos del gobierno tenían muy poca experiencia en el gobierno, por lo que no estaban preparadas para hacer frente a los crecientes problemas. Esto hizo que los ricos, las figuras religiosas y los líderes militares asumieran papeles más prominentes en un esfuerzo por mantener la estructura de clases que había existido bajo el dominio español. Aunque querían liberarse de España, la mayoría de las personas de estas tres clases no querían la igualdad. Al asegurar que el orden anterior a la guerra continuara en el nuevo país, la nobleza, los funcionarios de la iglesia y los líderes militares tendrían el mismo control sobre la dirección del gobierno, mucho más de lo que habrían tenido si España hubiera seguido controlando la región. Para todas las partes con poder en México, los colonos estadounidenses parecían ser la solución perfecta para ayudar a mejorar la situación financiera del país y, al mismo tiempo, protegerlo de los Estados Unidos.

En 1824 se aprobó la ley de colonización nacional, que pretendía sustituir a la antigua ley de colonización imperial y que cambiaba la forma de poblar el territorio mexicano. En lugar de tratar directamente con el gobierno mexicano, las personas que quisieran establecer nuevos contratos para establecerse en el territorio tendrían que acudir directamente a la legislatura estatal para llegar a un acuerdo. Muchos de los estados esperaban poder tener de alguna manera un mayor control sobre sí mismos, de forma similar a como los estados de EE. UU. tenían en gran medida el control sobre sí mismos con una mínima interferencia del gobierno federal. Si bien la Constitución Federal de los Estados Unidos Mexicanos de 1824 se inspiró en gran medida en la Constitución de los Estados Unidos de América, también incluyó algunos de los principios que se habían escrito en la Constitución española de 1812.

Este cambio resultaría significativo, ya que el Estado estaba mejor capacitado para controlar a los colonos que el gobierno mexicano. También se interesaron más por quiénes colonizaban sus tierras.

Bajo el gobierno del Estado de Coahuila

Tras la aprobación de la nueva ley, los dirigentes del gobierno se reunieron en Saltillo para aprobar las normas sobre cómo determinar quiénes podían asentar las tierras y qué requisitos debían cumplir. Para los colonos, esto significaba tratar con la capital, Saltillo, en Coahuila. Eran los funcionarios de esta capital quienes establecían los requisitos y definían los términos de cualquier acuerdo con los empresarios de Texas. Esto significaba que también determinarían quiénes recibirían los contratos, si eran americanos, europeos o mexicanos. Esto se documentó en la ley estatal de colonización. Los dirigentes del gobierno se centraron en gran medida en la ganadería y la agricultura en un esfuerzo por producir más alimentos y fomentar el crecimiento del comercio en la región entre los diferentes asentamientos. De acuerdo con la nueva ley, los mexicanos tendrían la primera opción para asentarse en la región del norte, y luego se permitiría a los estadounidenses establecerse. Al principio, los inmigrantes no tendrían que pagar impuestos mientras se esforzaban por establecerse. Sin embargo, se les exigiría el pago de las tierras donde se asentaran. A cambio de estos requisitos bastante mínimos, todos los colonos del estado de Coahuila tendrían que prestar un juramento en el que se comprometieran a cumplir todas las leyes federales y estatales establecidas en sus respectivas constituciones. También tendrían que hacerse cristianos si no lo eran ya (aunque no específicamente católicos). Por último, los colonos jurarían actuar moralmente y se comportarían de forma que reflejaran unos principios morales sólidos.

Una vez completado el juramento, los colonos se convertían en mexicanos naturalizados.

Texas en el Estado de Coahuila, 1834
(Fuente:https://en.wikipedia.org/wiki/Coahuila_y_Tejas#/media/File:Hooker_Map_of_the_State_of_Coahuila_and_Texas_1834_UTA.jpg)

El primer problema importante de esta nueva estructura gubernamental para los colonos establecidos estaba en su enfoque de la esclavitud. Como las leyes al respecto eran menos claras cuando se trataba de colonos, Coahuila permitió que la esclavitud continuara dentro de sus fronteras.

Los problemas empezaron a surgir cuando el gobierno federal comenzó a observar más de cerca el cumplimiento del juramento por parte de los inmigrantes. Muchos de los estadounidenses no cumplían con los pocos requisitos del juramento, conservando sus propias tradiciones en lugar de integrarse con las tradiciones y el pueblo mexicanos. Peor aún, no adoptaron las leyes mexicanas en sus asentamientos. Ignoraron descaradamente las leyes que no convenían a su modo de vida y aplicaron en su lugar sus propias leyes locales, algunas de las cuales contradecían las leyes mexicanas.

Rumores de independencia y creciente resentimiento texano

Casi una década antes de que Texas instigara una guerra por la independencia, otros colonos estadounidenses ya expresaban su deseo de rebelarse contra el gobierno mexicano, y el primero ocurrió bajo el mando de Haden Edwards. Los colonos de la colonia de Edward declararon su independencia, llamando a su tierra la República de Fredonia, en 1826. Habían planeado trabajar con los cherokees, formando una alianza y creando una nueva bandera que representara a los americanos y a los pueblos nativos. Tras firmar una declaración de independencia en diciembre de 1826, se dirigieron a los Estados Unidos en busca de apoyo. También pidieron a Austin que les ayudara en su lucha contra el gobierno mexicano. Como era de esperar, Austin se puso del lado del gobierno mexicano y acudió a unirse a los mexicanos para sofocar la rebelión. A finales de enero de 1827, la República de Fredonia ya no existía. Descontentos por haber sido arrastrados a una rebelión tan mal planeada, los cherokees mataron a los principales líderes, John Dunn Hunter y Richard Fields. Haden Edwards sobrevivió y más tarde se uniría a la guerra de la Revolución de Texas.

México, comprensiblemente, se vio sacudido por esta llamada a la independencia, aparentemente no provocada. Se volvieron más cautelosos y no querían permitir más colonos estadounidenses en sus territorios. Dado que había sido responsabilidad del gobierno federal, y no del gobierno estatal, sofocar la rebelión, el gobierno mexicano comenzó a intentar consolidar el poder. Querían construir un gobierno central mucho más fuerte que se ajustara más a la forma de gobernar de España. Así, comenzaron a redactar nuevas leyes hacia finales de 1829 y las aprobaron en abril de 1830. Las nuevas leyes anulaban cualquier acuerdo existente con los colonos si estos no cumplían los términos del nuevo acuerdo, además de restringir la inmigración americana. Las únicas excepciones fueron los asentamientos de Stephen Austin y Green DeWitt. El gobierno mexicano consideró que estos dos empresarios habían cumplido con sus requisitos (algo que no era del todo cierto para ninguno de los dos hombres). El gobierno mexicano estableció además puestos militares para poder asegurarse de que los colonos americanos no siguieran entrando en México. Tampoco se podían introducir más esclavos en el país, aunque los que ya residían en él podían seguir esclavizados.

Durante los últimos cinco años anteriores al nuevo acuerdo, tanto Coahuila como los colonos estadounidenses se habían beneficiado enormemente de la relación que habían establecido. De hecho, estaban prosperando de una manera que había eludido gran parte del resto de México. El comercio se había estabilizado e incluso era lucrativo en algunas regiones. La interferencia del gobierno federal amenazaba tanto el libre comercio que se había establecido, como la soberanía de Coahuila. También se había permitido traer esclavos a Coahuila porque no había suficiente gente para trabajar las tierras sin ellos. Sin embargo, debían ser contratados y tener la posibilidad de ganar dinero para comprar su propia libertad. Sin embargo, con las nuevas leyes, eso ya no sería posible, y la gente del territorio texano temía que eso redujera aún más su capacidad de comercio y frenara el crecimiento. Se sospechaba que la eliminación total de la capacidad de traer más esclavos a México pretendía ser un elemento disuasorio más para el tipo de estadounidenses que solían venir. Si no podían traer sus esclavos, no tendrían la tentación de entrar en el país, o al menos esa era la suposición. El aumento de las leyes antiinmigración provocó una hostilidad mucho mayor entre los angloamericanos y los mexicanos. No tuvo el efecto deseado de enfriar la situación.

Santa Anna tomó medidas en 1833 para aliviar el problema. Dirigió al gobierno a revocar la ley que había institucionalizado la discriminación migratoria, y los efectos fueron casi inmediatos, ya que los estadounidenses empezaron a inmigrar a las regiones que habían prosperado con los asentamientos mejor establecidos. Aproximadamente un año después, Santa Anna revocaría su decisión de permitir mayores derechos a los estados. Llamó a la congregación de un nuevo congreso que creara un gobierno central fuerte. Tomó casi un año, pero el país fue reconfigurado en el otoño de 1835, con los estados convertidos en departamentos que luego serían controlados por designaciones del presidente.

Esto no sentó bien a la gente de Coahuila, particularmente a los habitantes del asentamiento de Austin. México estaba envuelto en una guerra civil en ese momento, lo que hizo que fuera el momento oportuno para que los tejanos rompieran finalmente con la nación que los había invitado a asentarse en las tierras que en realidad pertenecían a los nativos americanos.

Rebelión e independencia

Temiendo el ascenso de los colonos, el comandante mexicano de la región pidió refuerzos para sofocar los disturbios. Se corrió la voz de que se estaba levantando una fuerza militar contra ellos, y William B. Travis dirigió un grupo de tejanos para atacar Anáhuac en junio de 1835. Cuando se negaron a rendirse, México lo tomó como una rebelión directa contra las leyes mexicanas. En 1836, la Declaración de Independencia de Texas fue firmada por 59 hombres, tres de los cuales eran descendientes de mexicanos.

El primer conflicto real en la lucha por la independencia de Texas tuvo lugar en la batalla de Gonzales en octubre de 1835. Los rebeldes ganaron y lograron bloquear a las fuerzas mexicanas en el golfo de México para que no pudieran proporcionar nuevos suministros a sus fuerzas.

En 1836, la Revolución de Texas había comenzado, y les fue bien a los tejanos casi desde el principio. Esta fue la primera ocasión de la que se tiene constancia en la que los Rangers de Texas recibieron una sanción del gobierno para patrullar las fronteras contra los nativos americanos, ya que estos seguían siendo un problema, especialmente mientras los tejanos estaban preocupados por la lucha contra el gobierno mexicano. Algunos de los miembros de los Rangers también habían luchado contra el gobierno mexicano, pero la mayoría de las fuerzas trabajaban para proteger a los colonos mientras otros luchaban en la guerra por la independencia de Texas. Como eran hábiles rastreadores, algunos de los Rangers fueron llamados a actuar como exploradores. Además, como estaban familiarizados con las tierras, otros sirvieron como transportistas.

Tras el desastre de El Álamo (en la actual San Antonio) en marzo de 1836, los Rangers fueron a ayudar a los tejanos que huían de la zona. Ayudaron a poner a salvo a los colonos y destruyeron todo lo que quedaba atrás para que no pudiera ser utilizado por los mexicanos, incluidos los productos. Cuando los Rangers fueron llamados a actuar como escoltas en la batalla de San Jacinto en abril de 1836, muchos de los Rangers estaban molestos con su papel. Muchos de ellos preferían luchar en la guerra contra los mexicanos o contra los nativos americanos. Las tareas serviles que se les asignaron durante la guerra parecían un paso atrás respecto a sus tareas habituales, que habían sido importantes cuando la zona formaba parte del Texas mexicano.

Sin embargo, su papel comenzaría a sufrir un cambio significativo tras el final de la guerra, en gran parte porque se convirtieron en el único grupo policial establecido en Texas. La forma en que los Rangers serían utilizados por el nuevo gobierno variaría dependiendo del gobernador a cargo, pero su lugar y papel en el nuevo país comenzó a solidificarse una vez que fueron una de las pocas fuerzas establecidas en Texas.

Capítulo 3 - La protección de los nuevos colonos después de la Revolución

Una vez finalizada la Revolución de Texas, el papel de los Rangers de Texas pasó a ser fundamental para la protección de los colonos, sobre todo porque se trasladaron al nuevo país en masa. Por primera vez en su historia, los Texas Rangers eran algo más que una fuerza formada por voluntarios llamados a proteger; se convirtieron en una fuerza de protección permanente para vigilar las fronteras.

Una nueva fuerza permanente

Cuando formaban parte del Texas mexicano, los Rangers de Texas habían servido para dos propósitos principales: luchar contra los nativos americanos y enfrentarse a los delincuentes. Había ocasiones en las que los Rangers actuaban como juez, jurado y verdugo, algo que era aceptado por los colonos porque no tenían ningún otro sistema de justicia establecido. Los Rangers solo eran llamados a servir cuando había una necesidad. Por lo demás, los Rangers trabajaban en las granjas y como comerciantes. Por su servicio, los Rangers cobraban muy poco porque el asentamiento no podía permitirse pagarles mucho. El territorio no podía permitirse su propia fuerza militar permanente.

Sin embargo, esto cambió rápidamente cuando Texas se convirtió en su propio país, conocido como la República de Texas. Una vez finalizada la guerra por su independencia, los tejanos necesitaron crear todos los poderes del Estado, así como un ejército. Aunque habían sido más ricos que gran parte de México, Texas había sido un territorio con muchos asentamientos, siendo el de Stephen Austin uno de los más grandes. Una vez que el ejército de Texas se disolvió al terminar la guerra, el nuevo gobierno sabía que necesitaría mantener algún tipo de ejército y de aplicación de la ley para el país. Ahora no solo tenían que tener cuidado con la población nativa que les rodeaba, sino que también tenían un nuevo enemigo en el país contra el que acababan de rebelarse: México.

Sin embargo, si bien los Rangers habían trabajado como militares hasta cierto punto, no lo habían hecho de una manera que condujera al servicio militar. Su papel siempre había estado mucho más cerca de la aplicación de la ley y la protección. Aunque habían sido sancionados durante la Revolución de Texas, su mayor función durante la guerra había sido la de patrullar la frontera, no participar en los combates. Como México no tenía los medios para seguir luchando contra los tejanos después de la guerra, la principal amenaza para la nueva nación tejana seguía siendo los pueblos nativos. Sin embargo, esta era una amenaza a la que los Rangers sabían hacer frente.

Los Rangers de Texas eran una organización permanente, pero Texas no podía permitirse pagar a los hombres para que estuvieran dedicados todo el tiempo. Debido a que el gobierno seguía buscando su equilibrio, los Rangers de Texas seguían siendo en gran medida hombres que se ofrecían como voluntarios para servir. Cuando se les necesitaba, se les llamaba para trabajar a lo largo de las fronteras. Una vez resuelta la amenaza, los Texas Rangers se disolvían. Sin embargo, esto cambiaría, especialmente con el auge de nuevos colonos que buscaban aprovechar la región recién liberada.

Cambios en los Rangers

Desde el principio, los Rangers de Texas estaban formados por una interesante mezcla de hombres. No había ningún requisito para la organización de voluntarios, por lo que incluía a antiguos estadounidenses, mexicanos y nativos americanos. Cada uno de ellos traía consigo una gran cantidad de conocimientos específicos, que fue lo que hizo que los Rangers de Texas fueran tan fiables en los primeros tiempos. Su reputación como protectores eficientes y eficaces no hizo más que aumentar tras la guerra, en gran parte porque se habían encargado de proteger a la población. Cuando las familias se veían obligadas a desplazarse, eran los Rangers los que acudían y les ayudaban a reubicarse. Esta relación fue la que contribuyó a que la organización continuara incluso después de terminada la guerra.

Con hombres que ya sabían proteger al pueblo, explorar, cazar y servir al público, los Texas Rangers se convirtieron rápidamente en algo esencial para el gobierno de Texas. Teniendo en cuenta que una de las razones por las que Texas se rebeló de México fue por la forma en que las nuevas políticas afectaban negativamente a la inmigración, el nuevo gobierno quería asegurarse de apaciguar los temores de los colonos de trasladarse a Texas. Una vez eliminada la barrera impuesta por México al conseguir su independencia, Texas no estaba preparada para el aluvión de inmigrantes que querían establecerse en las tierras recién liberadas. De llegar muy poca gente para prosperar a tener más de la que podían proteger con seguridad, Texas pasó a depender de los Texas Rangers para garantizar la seguridad de los colonos.

La gran afluencia de nuevos colonos que inundaban la región provocó una tensión aún mayor entre los pueblos nativos y la nueva nación. La gente empezó a intentar colonizar las tierras que Texas les vendía y que en realidad pertenecían a los pueblos nativos. Esto provocó un aumento significativo de las hostilidades abiertas, y Texas no tenía muchos recursos para hacer frente a la creciente amenaza. Por ello, se encargó a los Rangers de Texas que sirvieran de patrulla a lo largo de los límites tanto de la frontera, donde estaban los pueblos nativos, como de la frontera con México.

Inicialmente, el primer presidente, Sam Houston, trató de establecer una coexistencia pacífica con los pueblos nativos. Quería trabajar con ellos para construir una economía fuerte (había pocas posibilidades de que esto ocurriera con México, y Estados Unidos no había ofrecido ayuda durante su guerra por la independencia). Teniendo en cuenta que los nativos americanos conocían la zona mucho mejor que cualquiera de los colonos, tenía sentido fomentar una buena relación con ellos. Si su política hubiera continuado después de dejar su cargo, las cosas podrían haber resultado diferentes. Sin embargo, en 1838, Mirabeau Lamar se convirtió en el nuevo presidente de la República de Texas, y no estaba de acuerdo con la dirección que había tomado Houston.

Al asumir el cargo, Lamar introdujo cambios significativos en las políticas fronterizas, y los Rangers fueron los encargados de aplicar estos cambios. No era posible lograr lo que Lamar quería con el pequeño contingente de Rangers que servía solo cuando era necesario. Por ello, el Congreso de Texas aprobó una ley que permitía al nuevo presidente formar una compañía más numerosa de hombres. Esta nueva y más robusta organización de los Rangers de Texas contaba con ocho compañías, cada una de ellas llena de voluntarios montados. También habría una compañía formada por 56 Rangers que se mantendría (no eran voluntarios). Un mes después de formar estas nueve compañías, los Rangers seguirían añadiendo nuevas compañías para cubrir el centro y el sur de Texas.

Una vez que tuvieron una estructura más militante, los Rangers comenzaron a luchar abiertamente con los pueblos nativos, haciendo la guerra durante tres años contra los pueblos cuyas tierras los tejanos seguían robando. Esto supuso una completa corrupción de su propósito original, ya que ya no protegían a la gente, sino que provocaban guerras.

Capítulo 4 - Expulsando a los nativos de sus hogares

Con su nuevo propósito claro, los Rangers de Texas libraron una guerra casi continua durante tres años contra los pueblos que tenían derecho a la tierra. El presidente Lamar quería expulsar por completo a los pueblos nativos americanos de sus propias tierras ancestrales para que los colonos blancos pudieran ocuparlas y prosperar. Tal vez esperaba que, al eliminar a los nativos, ya no tendrían que preocuparse de patrullar sus fronteras. Sin embargo, es evidente que no tuvo en cuenta que había una amenaza mucho mayor justo al sur de la frontera de Texas. La guerra que Lamar insistió en librar contra la población indígena acabaría animando a los mexicanos a ayudar a los pueblos nativos como forma de debilitar a Texas, y esta política acabó haciendo perder a Lamar la presidencia.

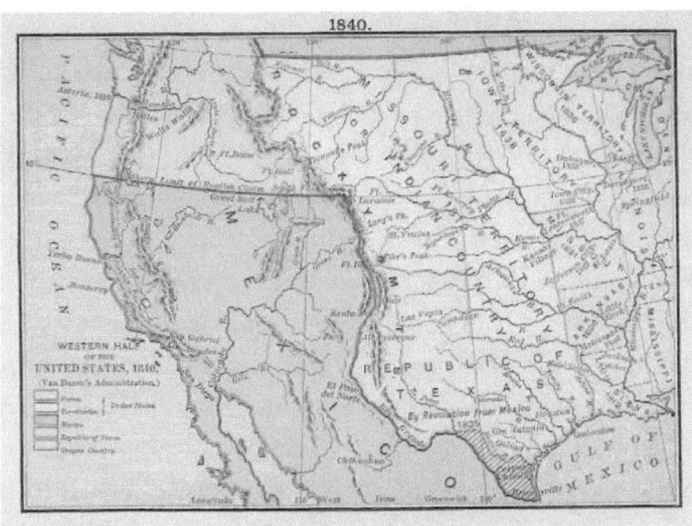

Texas en 1840
(*Fuente: https://truthhugger.files.wordpress.com/2007/09/repubtxmap.jpg*)

Desgraciadamente, los tres años y las tres grandes batallas fueron perjudiciales para los nativos americanos, y para cuando las guerras terminaron, no quedaban tribus fuertes para detener el avance de los tejanos en sus tierras.

La guerra Cherokee

El problema entre los pueblos nativos y los colonos provenía de los acuerdos realizados mucho antes de que Texas se independizara. Los españoles habían concedido a los nativos los derechos sobre sus propias tierras sin cobrarles impuestos. En febrero de 1836, los dos principales representantes del gobierno provisional de Texas (Sam Houston y John Forbes) habían firmado un tratado con los cherokees y las tribus asociadas a ellos, por el que se concedía a las tribus la región comprendida entre los ríos Angelina y Sabine. A finales de ese mismo año, el recién elegido Senado de Texas puso en cuestión el tratado. En lugar de ratificarlo, lo anularon en diciembre de 1837.

La zona de Nacogdoches, en Texas, estaba poblada principalmente por personas de ascendencia mexicana, y estaban disgustadas con la revolución que despojó al territorio de su país. Cuando terminó la Revolución de Texas, los habitantes de ascendencia mexicana se enfadaron aún más cuando los estadounidenses empezaron a entrar y ocupar sus tierras. Los descendientes de mexicanos tenían buenas razones para aliarse con los cherokees, ya que habían sido más amigos de los españoles y los mexicanos que de los colonos estadounidenses. Vicente Córdova era un leal mexicano que se mantuvo en contacto con el país de México y comenzó una rebelión en 1838. Como los cherokees se habían alineado con él, los tejanos enviaron a Thomas Jefferson Rusk y a sus militares contra las fuerzas de Córdova, con la esperanza de interceptarlo. Este consiguió eludir a las fuerzas, que regresaron a sus hogares.

Los tejanos marcharon entonces contra los nativos en 1838, atacando a los kickapoos. En respuesta, los nativos americanos realizaron una serie de incursiones desde finales de 1838 hasta principios de 1839. Durante este tiempo, los tejanos se enteraron de que el gobierno mexicano estaba tratando de persuadir a los nativos americanos de la zona de Texas para que se levantaran contra los tejanos. El presidente Lamar tomó esta noticia y la utilizó para justificar la expulsión total de los pueblos nativos de su propia tierra, sin molestarse en averiguar qué —o incluso si— los nativos americanos habían acordado actuar contra ellos. En el verano de 1839, se envió una tropa de quinientos hombres para obligar a los cherokees a salir de Texas y entrar en el territorio de Arkansas.

El jefe cherokee Bowl fue a discutir la expulsión de su pueblo de esas tierras el 12 de julio de 1838. Se llegó a un acuerdo por el que se permitiría a los cherokees y a sus tribus asociadas beneficiarse de las cosechas que habían cultivado y que Texas cubriría el coste de su traslado fuera de la región. Cuando los tejanos insistieron en que se les permitiera enviar una escolta armada para supervisar el traslado, los cherokees se negaron a firmar el tratado. Tres días después de que el jefe Bowl llegara para negociar, los tejanos declararon que iban a marchar sobre una aldea cherokee cercana para llevar a cabo el traslado sin un acuerdo. Dijeron a los cherokees que cualquier miembro de su tribu que estuviera dispuesto a marcharse debía tener una bandera blanca fuera de su casa. De lo contrario, serían atacados.

Los tejanos enviaron un contingente de hombres a la aldea para cortar el paso a cualquier cherokee que intentara salir sin la escolta. Se encontraron con los cherokees que intentaban huir en Neches, y fue entonces cuando comenzó la batalla de Neches. Los tejanos mataron o hirieron a un centenar de nativos, mientras que perdieron a cinco de sus propios hombres y menos de treinta resultaron heridos. Los cherokees, los kickapoos, los delawares y los shawnees perdieron gente en la batalla, y fueron expulsados de la región tras el final de la guerra Cherokee en 1839.

Después de la guerra Cherokee, las únicas dos tribus que tenían una población significativa en la región de Texas eran los Alabama y los Coushatta. Las demás tribus del este de Texas fueron completamente eliminadas a finales de 1839. Bajo el mandato del presidente Lamar, Texas demostraba haber adaptado una política de erradicación, sin tener en cuenta los servicios y la ayuda que los nativos habían prestado a los colonos. La primera guerra de desalojo había tenido éxito, lo que animó a Lamar y a los que se pusieron de su parte a pensar que podrían acabar convirtiendo Texas en un lugar en el que solo serían bienvenidos los estadounidenses.

La lucha en la Casa del Consejo

La relación entre los comanches y los tejanos siempre había sido tensa, siendo habituales las escaramuzas. Cada bando atacó e hizo incursiones contra el otro durante años, pero no fue hasta marzo de 1840 cuando los bandos se volvieron abiertamente hostiles.

A principios de 1840, los penatekas, una parte del pueblo comanche, intentaron hacer un tratado con Texas. Su población había sido diezmada por la viruela, y eran un objetivo fácil para los cheyennes y arapahos. Los Rangers de Texas habían sido el problema más inmediato, ya que habían atacado con éxito y en repetidas ocasiones a los penatekas basándose en la política de su presidente hacia los pueblos nativos de la región. Los representantes penatekas llegaron para negociar la paz en San Antonio en algún momento de enero de 1840. En respuesta a la llegada de los nativos, el gobierno hizo tres demandas contra los comanches. En primer lugar, los comanches debían liberar inmediatamente a todos los cautivos que los penatekas tenían en su poder. En segundo lugar, debían abandonar sus tierras ancestrales, que los texanos reclamaban ahora como propias, y debían evitar molestar a los colonos al marcharse. En tercer lugar, los comanches no interferirían en el avance de Texas hacia otros territorios, ya que Texas y México se disputaban la cantidad de tierra que Texas había ganado durante la Revolución de Texas.

El primer contingente de nativos que buscaba la paz no pudo negociar condiciones favorables, por lo que se enviaron más representantes para discutir los términos. Llegaron en marzo de 1840, dirigidos por Muk-wah-ruh. Los tejanos los llevaron a la Casa del Consejo para empezar a discutir los términos que habían ofrecido la primera vez. Los comanches solo habían traído un puñado de prisioneros, entre ellos algunos niños mexicanos y una tejana de dieciséis años llamada Matilda. Esta dijo a los tejanos que los nativos habían abusado de ella y que habían dejado a otros quince prisioneros con la intención de pedirles un rescate como rehenes.

Los tejanos exigieron inmediatamente que se liberaran los otros prisioneros, a lo que Muk-wah-ruh dijo que no tenía autoridad para liberar a esos prisioneros, ya que eran cautivos de otros comanches sobre los que no tenía autoridad. Al no comprender en absoluto la forma de trabajar de los comanches, los tejanos rechazaron esta explicación, y los soldados fueron llevados a las instalaciones donde se celebraban las negociaciones. El gobierno de Texas anunció entonces que las personas que habían acudido a negociar la paz serían retenidas como sus prisioneros hasta que todos los prisioneros de los que les había hablado la adolescente fueran liberados. Los jefes comanches intentaron escapar, pidiendo incluso el apoyo de los soldados que habían viajado con ellos y que permanecían fuera de la Casa del Consejo. Los soldados masacraron a los jefes que se encontraban dentro mientras se producía una pelea frente a la Casa del Consejo.

Cuando la lucha terminó, 27 comanches fueron tomados como rehenes. Los tejanos enviaron a una mujer comanche de vuelta a su pueblo para que dijera a los líderes restantes que los demás rehenes serían retenidos hasta que todos los prisioneros blancos fueran liberados.

Indignados porque los tejanos socavaran las conversaciones de paz tomando a los negociadores como prisioneros, los comanches se negaron a seguir discutiendo la paz con ellos. Con el tiempo, casi todos los comanches cautivos consiguieron escapar.

Los comanches permanecerían en la zona, atacando y asaltando brutalmente a los traicioneros tejanos. El combate de la Casa del Consejo había enseñado a los comanches que los texanos no respetarían las conversaciones de paz. Incluso hoy en día, las acciones de los tejanos se considerarían reprobables, ya que se supone que los embajadores son inmunes a estas tácticas. Si esto hubiera ocurrido en el presente, los tejanos se habrían enfrentado a sanciones y a la indignación. Tal y como estaba, sus acciones eran normales en aquella época porque los estadounidenses no consideraban que las conversaciones o la guerra con los pueblos nativos estuvieran sujetas a las normas y reglamentos que seguían cuando trataban con los europeos. A partir de este momento, fue una guerra de desgaste, pero los comanches seguirían siendo una fuerza hostil que suponía una amenaza real para los colonos que se adentraban en los territorios que tanto Texas como México reclamaban.

Batalla de Plum Creek

Tras el combate de la Casa del Consejo, los comanches iniciaron una campaña contra los tejanos. Durante el verano de 1840, llevaron a cabo una serie de incursiones contra los colonos del valle de Guadalupe. Mataban a los colonos en sus casas, se llevaban todo lo de valor y se iban con los caballos y el ganado que podían manejar. También quemaban los asentamientos, dejando una larga franja de casas quemadas por todo el valle.

Los comanches siguieron asaltando y saqueando hasta llegar a Linnville. Cuando Texas envió una fuerza de voluntarios, incluidos los Texas Rangers, que estaban dirigidos por Ben McCulloch, los comanches comenzaron a retirarse. Los tejanos pudieron alcanzar a los nativos en retirada en Plum Creek, donde los tejanos mataron a casi todos los comanches de la zona.

Fue el último acto de desafío de los comanches. Tras esta victoria de los tejanos, los comanches no tenían muchas opciones. Con su número en declive debido a los constantes combates y a la viruela que portaban los tejanos, los comanches fueron finalmente empujados hacia el oeste.

Las políticas de Texas bajo su segundo presidente consiguieron enemistarse con todos los que les rodeaban. Pronto quedaría claro que Texas no podía seguir alienando a todo el mundo sin sufrir algunas consecuencias graves. Los cherokees ya habían demostrado que estaban en contacto con los mexicanos, aunque no estuvieran trabajando activamente con los vecinos del sur de Texas. Cada vez estaba más claro que Texas necesitaba un aliado que confiara en ellos, y Texas no lo conseguiría de ninguno de los pueblos nativos de su entorno, especialmente después de la forma en que habían tratado a los comanches durante las conversaciones de paz, ni de México. Solo quedaba Estados Unidos. Como muchos de los colonos eran estadounidenses, había mucho apoyo para tratar de ver a qué tipo de acuerdo podía llegar Texas con esta nación más poderosa.

Capítulo 5 - La anexión de Texas

Habiendo alienado a casi todos los grupos de su entorno, los tejanos sabían que era solo cuestión de tiempo que sus vecinos se unieran y acabaran con Texas. Como las represalias eran inevitables, recurrieron al único país al que aún no habían ofendido: Estados Unidos. Resulta irónico que los Estados Unidos fueran su única opción porque fueron ellos quienes se negaron a ayudar a Texas durante la Revolución de Texas. De hecho, los cherokees habían mostrado su disposición a trabajar contra los mexicanos antes de la revolución. En lugar de fomentar esta relación, que el presidente Houston había deseado, Texas se dirigió a la nación que les había ignorado en su momento de necesidad.

Con la guerra casi una década en el pasado, los Estados Unidos ya no lo veían como un riesgo potencial, y, por lo tanto, estaban finalmente abiertos a la idea de ayudar a Texas. Sería un esfuerzo complicado, pero a finales de la década de 1840, Texas se convertiría oficialmente en el 28º estado de EE. UU.

La calma antes de la tormenta

En los años comprendidos entre 1840 y 1845, los Rangers de Texas sirvieron principalmente como protectores de las pocas tribus que quedaban y que ocasionalmente atacaban a los colonos. Sam Houston fue elegido de nuevo presidente en 1841, después de que Lamar perdiera el apoyo del que gozaba anteriormente.

El enfoque de Houston era el mismo que antes: buscaba proteger a los colonos sin intentar instigar guerras. Los Texas Rangers seguían siendo el mejor método para conseguirlo, además de ser la solución más rentable. Sin embargo, el enemigo que más preocupaba a Houston era México. Había empezado a atacar con frecuencia a Texas a lo largo de la frontera sur, sobre todo cuando continuaban las conversaciones para la anexión a los Estados Unidos. Para proteger a la población de las regiones del sur de Texas, el capitán John Coffee Hays llevó 150 Rangers a la frontera sur. Había sido fundamental para ayudar a derrotar a los nativos americanos, y demostró ser igualmente hábil para repeler los avances de México en territorio tejano.

Durante estos años de prueba, Hays iniciaría algunas de las primeras tradiciones de los Rangers, incluyendo el reclutamiento de nuevos hombres para la organización. A los nuevos reclutas se les proporcionaba entrenamiento para luchar utilizando las tácticas de guerrilla que habían tenido éxito contra la oposición. Fue la dedicación de Hays a los Rangers lo que los convertiría en la fuerza que seguiría prosperando incluso después de que los Estados Unidos se anexionaran Texas. El entrenamiento de los nuevos reclutas por parte de Hays también resultó fundamental en el período inmediatamente posterior a la anexión. Bajo su liderazgo, varias figuras notables de la historia de los Rangers de Texas (sobre las que se puede leer en el capítulo 10) comenzarían sus ilustres (y a veces infames) carreras, como los hermanos McCulloch, Samuel Walker y William "Bigfoot" Wallace.

Cumplimiento de una expectativa anterior

La idea de que Texas se anexionara a Estados Unidos no era nueva. Stephen Austin lo había sugerido antes del final de la Revolución de Texas, pero fue rechazado. Aunque muchos estadounidenses se habían asentado en las tierras tejanas, estas seguían perteneciendo a México. Las tensiones entre EE. UU. y México eran ya lo suficientemente grandes como para que a EE. UU. le preocupara iniciar una guerra con ellos, lo que hizo que rechazaran la oferta de Austin.

El primer movimiento oficial para unirse a los EE. UU. llegó en 1836 con las primeras elecciones después de la Revolución de Texas. El pueblo votó a favor de que Texas se anexe finalmente a EE. UU. Aunque la votación demostró que el pueblo estaba preparado para este movimiento, el gobierno de Texas no logró completar un tratado con EE. UU. que los ratificara como nuevo estado. Además, EE. UU. era reacio a anexionar tierras que habían sido parte de México tan recientemente.

Sin embargo, una vez que Texas consiguió su independencia, Estados Unidos no perdió de vista a la nueva nación, sopesando sus opciones. Con la llegada de más estadounidenses a Texas, también existía el sentido del deber de proteger a sus ciudadanos. Texas no obligó a ninguno de los inmigrantes a renunciar a su ciudadanía, por lo que los nuevos colonos eran mayoritariamente estadounidenses. Seguían esperando la protección de Estados Unidos, especialmente cuando aumentaban las tensiones con los nativos y los mexicanos. Había muchas pruebas de que México planeaba iniciar otro ataque, algunas de las cuales se produjeron durante la guerra Cherokee.

La resolución conjunta para la anexión de Texas

Aunque tardó casi una década, el gobierno de EE. UU. finalmente llegó a una resolución que permitiría a Texas entrar oficialmente en la gran nación como estado. A lo largo de los años, el gobierno de EE. UU. no había logrado alcanzar y firmar un tratado oficial con Texas, por lo que cambió a otro método para incorporarlo a la unión.

Hubo varias razones por las que se tardó tanto. Una de las más notables fue la deuda que Texas había contraído durante la guerra. Los colonos habían sido bastante prósperos bajo el gobierno mexicano, pero no eran ricos, y la guerra provocó una gran deuda que Estados Unidos no estaba dispuesto a asumir. Otro problema importante fue la creciente división en Estados Unidos sobre la esclavitud. Cada nuevo territorio que se incorporaba al país tenía que ser evaluado por los abolicionistas y los grupos de presión favorables a la esclavitud para determinar si esta se permitiría en el futuro estado. Añadir Texas significaría dar al bando proesclavista una gran franja de tierra, desestabilizando el delicado equilibrio. Los tejanos ya habían demostrado que no tenían intención de renunciar a sus esclavos, incluso convenciendo al gobierno mexicano de que lo permitiera antes de la revolución.

Desde la Revolución de Texas, México había dejado claro que, si Estados Unidos se anexionaba Texas, México lo tomaría como una declaración de guerra. Por ello, EE. UU. evitó cualquier tipo de negociación hasta 1844. Cuando Estados Unidos empezó a hablar con Texas sobre la anexión, México rompió todas las relaciones diplomáticas. El presidente estadounidense John Tyler no pudo conseguir los votos necesarios en el Senado para ratificar el tratado que se había negociado con Texas ese año. Su siguiente intento de anexión fue en 1845, unos meses antes de dejar el cargo.

Cuando se aprobó una resolución conjunta para la anexión, Estados Unidos incluyó tres condiciones principales para el nuevo estado. En primer lugar, Texas mantendría el control de sus tierras públicas y sus deudas; EE. UU. no las gestionaría, lo que daba a Texas un control considerable sobre sus tierras. La segunda condición abordaba en parte el problema de la esclavitud, ya que, si Estados Unidos decidía dividir Texas en cuatro nuevos estados, tendría derecho a hacerlo. Por último, el gobierno estadounidense se encargaría de proporcionar instalaciones gubernamentales, servicios postales y fuerzas militares, pero mantendría la autoridad sobre el estado, como hacía en todos los estados de la Unión. Eso significaba que Texas podía controlar las tierras, pero tenía que acatar las leyes estadounidenses, sobre todo en las tierras en las que el gobierno estadounidense proporcionaba servicios básicos.

Al aceptar a Texas como estado, Estados Unidos asumía un gran riesgo. Estarían ayudando a construir un sistema gubernamental que funcionaría y se basaría en una red mucho más amplia, lo que sería costoso.

La propuesta se presentó en julio de 1845 a un grupo de funcionarios elegidos en la Convención Constitucional celebrada en Austin. Tenían propuestas que considerar, incluyendo la resolución conjunta para su anexión y un tratado de paz con México. El tratado de paz resolvería finalmente la lucha entre Texas y México, pero exigía que Texas siguiera siendo su propia nación. Si Texas optaba por anexionarse a los Estados Unidos, las hostilidades continuarían. La votación final fue exactamente lo que se esperaba: los representantes votaron a favor de lo que los tejanos querían desde antes de la Revolución de Texas: ser anexionados a EE. UU. La propuesta se sometió al pueblo en octubre de ese mismo año. El voto para unirse a EE. UU. se hizo oficial cuando la Ordenanza de Anexión y una constitución estatal hicieron definitivo el paso a la condición de estado estadounidense.

Una vez que Texas presentó sus votos a EE. UU., se envió al Congreso, donde fue rápidamente aceptado. Antes de que finalizara 1845, la resolución conjunta para admitir a Texas como estado fue presentada al presidente James Polk para su firma. Tras casi una década de espera, Texas era por fin un estado. El traspaso del control comenzó poco después, y la transferencia formal se produjo en febrero de 1846.

Capítulo 6 - La guerra entre México y Estados Unidos

La guerra México-Estados Unidos era algo que la mayoría de la gente sabía que iba a ocurrir; era más una cuestión de cuándo que de si ocurriría. México y Texas ya se disputaban sus fronteras. Si Estados Unidos se convertía en un actor en esa disputa, México sabía que perdería aún más territorio. En comparación con Estados Unidos, que había prosperado en gran medida desde su revolución en 1776, México había tenido problemas, con una guerra civil que ponía de manifiesto su precaria posición. México esperaba evitar el enfrentamiento con Estados Unidos.

Esto se hizo imposible debido a los acontecimientos que ocurrieron poco después de la anexión de Texas. A pesar de que la gente de ambas naciones estaba en contra de la guerra, las dos naciones terminaron en una porque cada una sentía que la otra les había faltado al respeto. Una de las principales justificaciones se basó en lo ocurrido en el territorio que ambos bandos intentaron reclamar como propio.

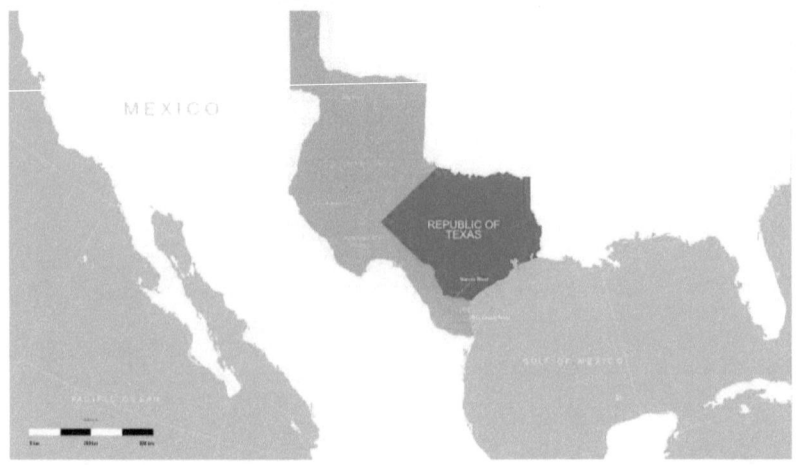

Tierras en disputa entre México, Texas y Estados Unidos
(Fuente:https://upload.wikimedia.org/wikipedia/commons/0/09/
Republic_of_Texas_labeled.svg)

La creciente preocupación de México

Incluso antes de que Texas se separara de México, los funcionarios mexicanos estaban preocupados por la posibilidad de perder territorio a manos de EE. UU. Una vez que Texas luchó con éxito contra México para conseguir su independencia sin la ayuda de EE. UU., el temor de México por lo que pudiera ocurrir se intensificó. Entre 1836 y 1845, México hizo todo lo que estaba en su poder para disuadir a EE. UU. de que se anexionara las tierras que habían pertenecido recientemente al país del sur.

Uno de los mayores puntos de discordia entre Texas y México era qué parte del territorio pertenecía a Texas y qué parte a México. La región en cuestión habría duplicado con creces a Texas. Por sí sola, Texas no suponía una gran amenaza para obligar a México a ceder las tierras. Sin embargo, eso cambiaría si Estados Unidos se lo anexionara. Además de luchar por su nuevo estado, los estadounidenses, bajo el recién elegido presidente Polk, buscaban obviamente hacer realidad la idea del Destino manifiesto. Esta era la creencia de que Estados Unidos debía extender sus tierras desde el Atlántico hasta el Pacífico. La compra de Luisiana había contribuido a hacerla realidad bajo el mandato de Thomas Jefferson, pero Estados Unidos tenía en el punto de mira muchos territorios mexicanos en un esfuerzo por cumplir lo que consideraban correcto e inevitable.

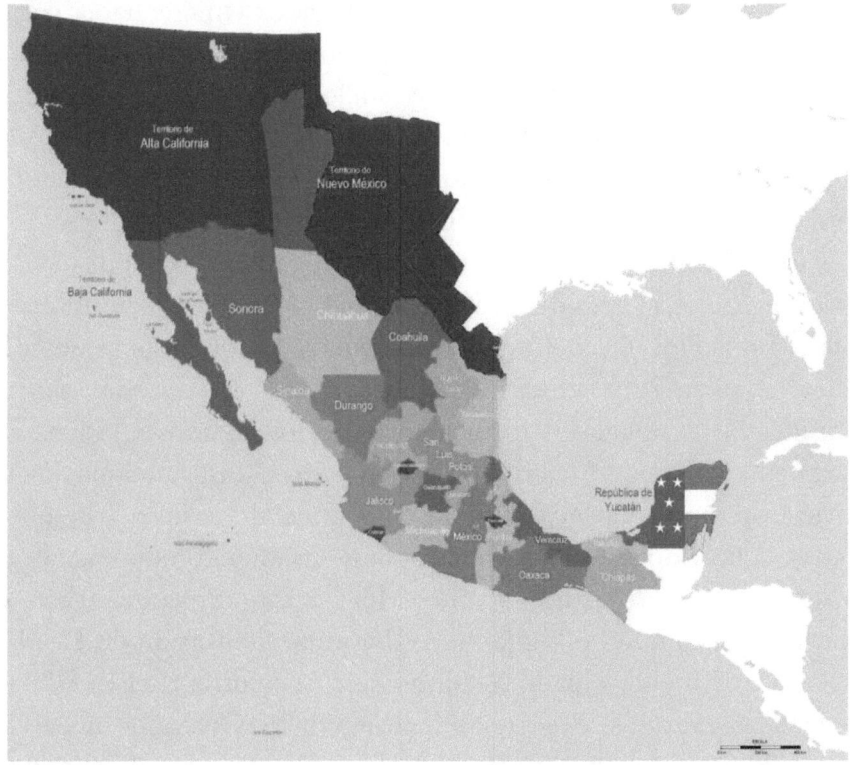

México en 1845: En el camino de la expansión estadounidense
(Fuente:https://en.wikipedia.org/wiki/Territorial_evolution_of_Mexico#/media/File:Mapa_Mexico_1845.PNG)

Inicialmente, no había mucho apoyo en ninguno de los dos bandos para la guerra. Sin embargo, México estaba en una posición mucho más débil, ya que todavía estaba intentando construir una nación en medio de guerras civiles y otras luchas de poder. Estados Unidos ya era una nación desde hacía varias décadas y se había agrupado en torno a un gobierno más fuerte. Las probabilidades contra México eran muy evidentes.

Con la anexión de Texas, Estados Unidos demostró que por fin estaba dispuesto a empezar a luchar para apoderarse de las tierras mexicanas, ya que entonces reclamaban la propiedad de las tierras en disputa. Antes de esto, EE. UU. había enviado gente a negociar la compra de una gran franja de la zona norte de México. John Slidell y un pequeño contingente de políticos fueron a negociar la compra. Tratando de replicar el bajo costo que Estados Unidos había pagado con la compra de Luisiana, que, en teoría, duplicó el tamaño de Estados Unidos en 1803 por quince millones de dólares o dieciocho dólares por milla cuadrada, Slidell fue autorizado a ofrecer treinta millones de dólares. El gobierno mexicano ni siquiera quiso reunirse con él, ya que no deseaba vender sus tierras.

Cuando Slidell regresó diciendo que México no estaba dispuesto a reunirse con él, el presidente Polk decidió convertir eso en un insulto a la nación. Polk forzó entonces una guerra porque sabía que era la única manera de adquirir potencialmente las tierras que él consideraba destinadas a formar parte de los Estados Unidos. Para asegurarse de que el ejército estadounidense instigara una guerra, envió tropas a residir en la región en disputa al sur de la frontera de Texas. Estas tropas estaban técnicamente invadiendo otra nación, por lo que no es de extrañar que México les disparara. Esto era exactamente lo que Polk quería. Al deformar la invasión de EE. UU. en la muerte de un soldado estadounidense en tierras de EE. UU. por parte de mexicanos, Polk finalmente creó la excusa que necesitaba para iniciar una guerra para robar tierras a México. Mintiendo al pueblo estadounidense, dijo que México había "invadido nuestro territorio y derramado sangre estadounidense en suelo estadounidense". Esto fue seguido por una orden al Congreso para declarar la guerra. Era una mentira, y hubo muchos estadounidenses que lo cuestionaron. Los estados del Norte decían que Polk, que era un sureño, estaba intentando adquirir más estados esclavistas y crear un mayor control para los esclavistas. También había un número de estadounidenses que simplemente no querían ir a la guerra para robar tierras de otro país, ya que no habían pasado ni cien años desde que ganaron su propia libertad. Muchos seguían pensando que no debían ser los agresores (excepto cuando se trataba de desplazar a los nativos americanos).

A pesar de las protestas de muchos estadounidenses por ir a la guerra, el Congreso dio su aprobación a la guerra el 13 de mayo de 1846.

La guerra de México

La guerra sería descrita más tarde por un joven subteniente llamado Ulysses S. Grant como una guerra que fue "una de las más injustas jamás emprendidas por una nación más fuerte contra una más débil. Fue un ejemplo de una república que siguió el mal ejemplo de las monarquías europeas, al no considerar la justicia en su deseo de adquirir más territorio". Esto fue exactamente lo que hizo que muchos estadounidenses estuvieran en contra de la idea de la guerra antes de que fuera declarada. Sin embargo, una vez comprometida, muchos estadounidenses consideraron que era necesario prestar apoyo y levantar la moral de los soldados. Aunque la guerra fuera un error, los estadounidenses no culpaban a los soldados. Los mexicanos, por su parte, no solo estaban en contra de la guerra, sino que además no sentían que pudieran beneficiarse de ella. Estados Unidos era un agresor que en gran medida había estado en paz desde que ganó su independencia. Esto contrastaba con las caóticas consecuencias de la guerra de Independencia de México. La moral de los mexicanos ya estaba baja, y se trataba de una lucha más, esta vez contra una fuerza mucho más poderosa. Los soldados y el pueblo mexicanos eran tan conscientes de la fuerza superior de los Estados Unidos como Grant.

Hubo tres oficiales notables que lucharon en la guerra mexicano-estadounidense: el general Zachary Taylor, Ulysses S. Grant y Robert E. Lee. Tanto para Grant como para Lee, fue su primera experiencia luchando en una guerra. A pesar de ello y de la superioridad numérica de los mexicanos, los estadounidenses consiguieron dominar rápidamente el campo de batalla.

La guerra mexicano-estadounidense comenzó en abril de 1846 con ocho mil soldados estadounidenses. Deseosos de prestar apoyo y luchar por su país, más de sesenta mil estadounidenses se unieron pronto como voluntarios. Había más de 73.000 mexicanos, que eran igualmente una mezcla de regulares y voluntarios. La Armada mexicana tampoco pudo hacer frente a la mucho más robusta Armada estadounidense. Polk también trató de sembrar el descontento en los otros territorios mexicanos de California y envió a John Fremont y Stephen Kearny para instigar una revolución en la zona. Los habitantes de California se declararon la República de la Bandera del Oso incluso antes de enterarse de los combates. Dirigidos por Fremont, marcharon sobre el puesto militar del Presidio Mexicano y aseguraron la región para los Estados Unidos. Mientras Fremont aseguraba el robo de la región de California, Kearny aplicaba una estrategia similar en Nuevo México, expulsando al gobernador de la región. Él y su banda capturaron la capital y, tras su éxito, Kearny condujo a sus hombres hacia el oeste para unirse a los californianos que habían triunfado.

Mientras Kearny y Fremont aseguraban la región del norte, los generales Zachary Taylor y Winfield Scott marcharon hacia la Ciudad de México. Taylor se enfrentó directamente a Antonio López de Santa Anna y se dirigió al centro de la capital, mientras que Scott se acercó a la ciudad desde un ángulo diferente. Scott y sus hombres tomaron con éxito el control de la ciudad, dejando a los mexicanos sin otra opción que rendirse en septiembre de 1847. Esto puso a los EE. UU. en una posición mucho mejor para negociar las tierras a un coste mucho menor.

Irónicamente, la anexión de Texas y la guerra mexicano-estadounidense serían dos de las principales causas de la guerra civil estadounidense. Al impulsar algo que la mayoría de los estadounidenses no quería, la nación se dividió aún más. Se empezó a hablar de los métodos turbios de Polk y de su comportamiento inconstitucional al forzar al país a una guerra injustificada.

Uno de los escritores más notables de la nación de la época, Henry David Thoreau, creía tan firmemente que la guerra había sido un error, que fue arrestado por negarse a pagar impuestos en protesta por la guerra. De sus protestas surgió una obra que aún hoy se utiliza para promulgar cambios pacíficos, la *Desobediencia Civil*.

Todo esto fue un preludio de lo que vendría después. La adquisición de tanta tierra por parte de una nación que ya estaba tan dividida daría lugar a muchas más hostilidades internas. Al ganar la guerra mexicano-estadounidense, EE. UU. prácticamente se aseguró que se desgarraría a sí mismo solo un par de décadas más tarde. El Compromiso de Missouri de 1850, que pretendía abordar las nuevas tierras americanas y si serían estados esclavistas o libres, sería en última instancia la perdición de EE. UU. durante varias décadas.

Tratado de Guadalupe Hidalgo

También es irónico que el tratado que puso fin a la guerra se hiciera sin el conocimiento del presidente. Firmado el 2 de febrero de 1848, el tratado fijó los límites de las regiones que formarían parte de los Estados Unidos en adelante, incluyendo todos los estados del suroeste de los Estados Unidos en la actualidad.

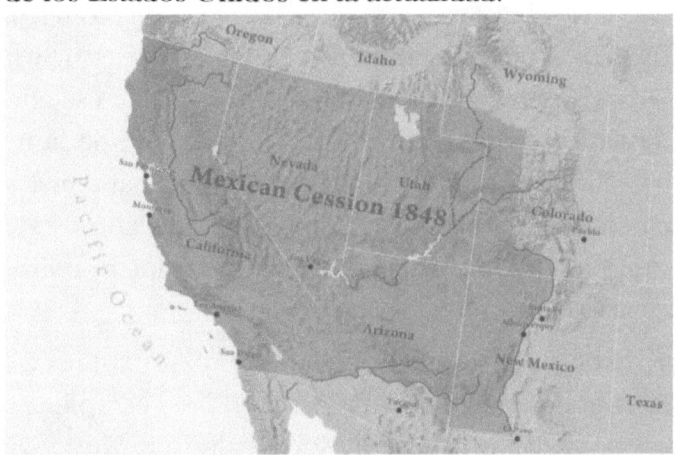

Tierras perdidas tras la guerra entre México y Estados Unidos
(Fuente:https://en.wikipedia.org/wiki/Mexican_Cession#/media/
File:Mexican_Cession.png)

México recibió casi la mitad de lo que se le habría ofrecido antes de la guerra, pasando todas estas tierras a formar parte de EE. UU. por entre quince y dieciocho millones de dólares (EE. UU. también asumió parte de la deuda mexicana por estas regiones, aumentando el coste de las tierras). Se identificaron definitivamente las tierras en disputa con Texas y se trazaron las nuevas fronteras. En una sola guerra, México perdió más de la mitad de sus tierras.

Polk refrendó el tratado y lo envió al Congreso para su aprobación final. Fue aprobado por 34 votos a favor y 14 en contra en marzo de 1848.

Cómo lucharon los Rangers de Texas para asegurar la victoria de EE. UU.

Dado que la mayoría de los estadounidenses que luchaban en la guerra eran voluntarios y el resto procedía de tierras muy diferentes, los Rangers de Texas estaban entre los pocos combatientes que conocían la región y tenían experiencia en la lucha. El general Taylor no tardó en darse cuenta de lo decisivas que eran las habilidades de los Rangers para dar ventaja a los Estados Unidos. Solicitó al líder de los Rangers, Jack Hays, que estableciera cuatro divisiones para entrar en México. Hays pudo establecer tres para la guerra, y pronto se convertirían en sus "ojos y oídos" a medida que Hays se adentraba en México. Los Rangers no solo tenían conocimiento de la región y de cómo sobrevivir en el calor, sino que también tenían armas superiores en comparación con la mayoría de los soldados. Ayudaron a determinar la mejor ruta hacia México, y Taylor la utilizaría en su marcha hacia el corazón de la nación.

Aunque Scott y sus hombres se abrieron paso hasta el centro de la ciudad, esto fue posible en gran medida gracias a la rapidez con la que los Rangers pudieron ayudar a Taylor a entrar en México. Ya habían llegado a la Ciudad de México en el momento de la llegada de Scott. Fueron fundamentales en varias batallas definitivas, y los mexicanos llegaron a llamar a los Rangers "Los Diablos Tejanos". Los Rangers solían llevar un pañuelo alrededor del cuello como señal de su posición. Los mexicanos despreciaban a los hombres y se volvían inmediatamente hostiles cuando llegaban a los pueblos mexicanos. En un pueblo, tres hombres lanzaron piedras a los Rangers. En respuesta, los tres fueron fusilados inmediatamente sin ninguna advertencia.

Aunque los Rangers fueron ciertamente brutales en su respuesta, también proporcionaron mucha protección a los soldados estadounidenses. Cuando los soldados estadounidenses empezaron a ser asesinados en el barrio rojo de una ciudad local, Taylor se lo hizo saber a Hays. En respuesta, hizo que los Rangers pusieran trampas para averiguar qué lugareños estaban matando a los soldados estadounidenses. No murieron más soldados estadounidenses después de que los Rangers se involucraran, mientras que 83 mexicanos fueron asesinados. Los Rangers no perdieron ningún hombre.

Texas no llevaba mucho tiempo formando parte de los EE. UU. cuando comenzó la guerra mexicano-estadounidense. Esto significó que los Rangers siguieron desempeñando un papel fundamental en la protección del pueblo. Sin embargo, una vez terminada la guerra, el gobierno estadounidense pudo empezar a aplicar sus propias normas y leyes en la región. Esto provocó el declive de los Rangers, pues ya no eran necesarios para actuar en defensa de los colonos y las fronteras. Eran más algo auxiliar que una necesidad, y Texas dejó de alistar gente en la organización. Aparte de las peleas ocasionales con los pueblos nativos, los Rangers no tuvieron mucho protagonismo en el estado, por lo que perdieron a muchos de sus mejores líderes y combatientes. Incluso durante la guerra civil estadounidense, no tuvieron mucho protagonismo, ya que la mayoría de los combates se produjeron en los estados del sureste. Sin la aparición de algunos criminales famosos, los Rangers de Texas podrían haber desaparecido por completo, sobre todo por su imagen poco positiva durante las siguientes décadas.

Capítulo 7 - Corrupción, pérdida de popularidad, reconstrucción y restauración de una imagen anterior

Con la toma de control por parte de los Estados Unidos de gran parte del trabajo para el que se formaron inicialmente los Rangers de Texas, los Rangers no eran necesarios de la misma manera que antes. Esto llevó a que estuvieran algo divididos y a la incertidumbre de cómo trabajarían durante las siguientes décadas. Su importancia en la guerra mexicano-estadounidense, junto con su papel de protectores, los hizo populares entre la gente. Sin embargo, ya sin su único propósito, los Texas Rangers empezaron a ser más un problema.

Reanudación de las patrullas

Si bien hubo muchas cosas que el gobierno de los Estados Unidos tomó el control, Texas seguía siendo responsable de parte de su propia protección. Esto dejó algunas de las viejas tareas familiares que los Rangers de Texas habían estado haciendo durante años, pero también limitó lo que podían hacer. Ya no aplicaban sus propias leyes, y ser regulados no era algo a lo que estuvieran acostumbrados.

Aunque seguían trabajando en la protección del pueblo de Texas frente a los nativos americanos, principalmente perseguían a los cuatreros y ladrones. Tal vez los Rangers se sintieron envalentonados por el nuevo respaldo de los Estados Unidos, o es posible que sintieran que se habían ganado un nombre que los hacía inmunes a las críticas. Es cierto que muchos de los miembros más notables se marcharon después de la guerra, y es posible que muchos de los miembros restantes estuvieran más preocupados por el poder que por hacer lo correcto.

Sea cual sea la razón, los Rangers de Texas se volvieron notablemente más agresivos después de la guerra. Parecían continuar con algunas de las políticas iniciadas bajo el mandato del presidente Lamar. En lugar de proteger a los americanos de los pueblos nativos, atacaban activamente a los nativos americanos. Acechaban a los nativos, vigilando sus movimientos antes de atacarlos. La mayoría de los tejanos no tuvieron problemas cuando los Rangers de Texas se volvieron contra los pueblos nativos, pero vieron con menos buenos ojos a los Rangers cuando la población nativa casi desapareció y la agresión se volvió contra los tejanos.

Pasaron algunos años antes de que los Rangers redujeran la población nativa a números en los que no pudieran representar ningún tipo de amenaza. La primera campaña comenzó poco después de que terminara la guerra mexicano-estadounidense. Dirigidos por un Ranger conocido como John Salmon "Rip" Ford, unos cien Rangers iniciaron una campaña contra los pocos comanches que quedaban y que no fueron expulsados cuando Texas se convirtió en una nación propia. Los miembros de la tribu tónkawa se unieron a los Rangers para luchar contra sus antiguos enemigos. Los políticos dijeron a los Rangers y a los tónkawa que debían castigar a los comanches por las incursiones que habían llevado a cabo a lo largo de los años, aunque los comanches no habían sido muy activos, ya que su número se había reducido considerablemente. Aunque se les había ordenado que eliminaran a los comanches, no se les había dado permiso para ir más allá de los límites establecidos. Ignorando los territorios establecidos y los acuerdos con los comanches, los Rangers llevaron a cabo incursiones en territorios comanches, invadiendo de hecho otra nación. A diferencia de la guerra mexicano-estadounidense, los Rangers no tenían permiso para ir a la guerra. Este fue solo uno de los primeros casos en los que los Rangers actuaron ilegalmente, ignorando las leyes del país al que Texas había querido unirse con tanta insistencia. Después de cruzar al territorio comanche, los Rangers los siguieron hasta su campamento principal en Little Robe Creek. Allí, mataron a ochenta comanches, perdiendo solo un Ranger durante la lucha.

Al principio, esto convenció aún más a Texas de que los Rangers sabían cómo proteger mejor a los tejanos. Los Rangers estaban dispuestos a adentrarse en territorio enemigo para asegurarse de que los nativos americanos no fueran un problema, aunque eso les convirtiera en los agresores. En teoría, los EE. UU. estaban en contra de invadir otras naciones, aunque tenían un historial muy malo en cuanto al reconocimiento de los pueblos nativos como naciones.

A medida que el pueblo ensalzaba los métodos de los Rangers para protegerlos, estos empezaron a cambiar. Durante dos décadas, el pueblo de Texas aprendería que este nuevo y agresivo enfoque no era la bendición que habían pensado al principio. Sin otro enemigo contra el que luchar, los Rangers no tardarían en centrar su atención en las personas de las que sospechaban que eran delincuentes.

Aprobación oficial de la Agencia y una nueva oleada de problemas

Los Rangers de Texas se habían creado cuando Texas era una nación, pero necesitaban una nueva aprobación por parte del gobierno estadounidense. En 1874, los Texas Rangers fueron aprobados por primera vez por la Legislatura de Texas para actuar en nombre del nuevo estado. En colaboración con el ejército estadounidense, lograron finalmente expulsar por completo a los comanches y kiowas de Texas.

Hubo muchos problemas con la eliminación de toda una población, pero uno de los mayores problemas para los estadounidenses fue que eliminó cualquier distracción que tuvieran los Rangers. Al igual que había habido una afluencia de colonos después de que Texas se independizara de México, la eliminación de la población nativa de la región atrajo la atención de otros posibles colonos. Pronto hubo otra gran oleada de colonos que llegaron a la región. Aunque Texas era espaciosa, los recursos y las tierras no eran ilimitados. Gran parte del estado seguía teniendo un clima demasiado duro para que los colonos prosperaran. Esto no era tan conocido entre los nuevos colonos de la época, y esperaban encontrar una tierra segura y fértil donde pudieran prosperar. Después de todo, la nación acababa de librar una guerra para adquirirla. Seguramente esto no habría ocurrido si las tierras fueran en gran parte estériles. A medida que llegaban y se daban cuenta de que las zonas habitables eran mucho más limitadas, la gente empezó a luchar por las tierras.

En 1877, se produjeron combates abiertos en torno a los lagos salados situados cerca de la actual San Elizario. Los Rangers no tenían otra cosa en la que ocupar su tiempo, y para ganarse el sueldo, tenían que tomarse su trabajo en serio. Por desgracia para los colonos, los Rangers habían aprendido a ser agresivos, no racionales. Pronto harían realidad estas prácticas en contra de los colonos, que de repente se mostraron mucho menos entusiastas de las tácticas que habían aplaudido contra los comanches y otras tribus nativas. Se producirían varios enfrentamientos a lo largo y ancho de Texas, siendo las guerras de corte de cercos de la década de 1880 una de las más interesantes, que se describe con mayor detalle en el siguiente capítulo.

Ayudaron a luchar contra la banda de los Conner, una familia de delincuentes que aterrorizaba el condado de Sabine. Vivían en lo que se llamaba Deep East Texas (el este de Texas). Los Rangers fueron llamados para encargarse de la familia criminal, que incluía un padre y siete hijos.

Originalmente, los Conner vivían en Florida, pero la promesa de una nueva vida en Texas los atrajo, junto con muchas otras familias. Habían dejado su estado natal de Florida con la esperanza de tener un lugar donde vivir, posiblemente sin pagar nada. En realidad, fueron productores de cerdos durante la mayor parte de sus años en Texas. La familia pensaba que era dueña de todas las tierras que la rodeaban, lo que resultó no ser el caso, ya que en realidad no habían comprado las tierras en Texas. Una vez que otra persona compró las tierras, los Conner la mataron. Dos de los hijos fueron condenados a prisión y el padre seguía esperando que se celebrara su juicio. Sin embargo, antes de que se celebrara el juicio, el resto de la familia los sacó de sus celdas y la familia se dio a la fuga. Con ocho hombres, eran una fuerza formidable que pudo enfrentarse a los agentes de la ley que les perseguían. Se dice que la familia se cruzó con un sheriff mientras se escondía de la ley. Cuando supo que no tenía ninguna posibilidad, el sheriff dijo a la familia que, por perdonarle la vida, dimitiría. Cuando le dejaron marchar, el sheriff renunció, pero también hizo saber el motivo.

Los habitantes de la región donde se escondían los Conner se convirtieron en el blanco de ataques nocturnos. Para acabar con la amenaza, el sheriff del condado pidió a los Rangers que vinieran a eliminar el problema. Los Rangers decidieron que la mejor manera de conocer a la familia era enviar a los agentes de la ley a vigilar a los

Conner y averiguar dónde estaba su escondite. Fueron las fuerzas del orden de la zona las que realmente siguieron a los Conner. Al saber dónde se escondía la familia, los agentes de la ley informaron a los Rangers. El líder de los Rangers dividió entonces sus fuerzas en dos grupos y planeó atacar justo antes del amanecer. Sin embargo, los Conner estaban aparentemente preparados para ellos. Consiguieron matar y herir a varios Rangers, pero perdieron a tres de los suyos. El resto de los Conner se alejaron de los Rangers, y continuaron disparando a los que les seguían.

Con los Conner en fuga, todos los que se encontraban en su camino corrían el riesgo de ser asesinados. Los ciudadanos empezaron a formar una cuadrilla porque los Rangers estaban más centrados en la persecución que en la protección del pueblo.

Aunque las acciones de los Conner fueron ciertamente extremas, los Rangers nunca parecieron intentar hablar con ellos. El hecho de que se centraran en la persecución en lugar de la protección empezó a incomodar a los ciudadanos, como mínimo, y a cuestionar la necesidad de los Rangers, en el peor de los casos. Los Rangers no habían cambiado su enfoque agresivo, pero no era lo mismo perseguir a los americanos a través de los asentamientos que perseguir a los nativos americanos hasta sus hogares. A los ciudadanos no les habían importado los horrores perpetrados por los Rangers cuando era contra personas que consideraban enemigas, pero que los Rangers fueran tan agresivos con sus vecinos era sorprendente. Esto erosionó el apoyo a los Rangers, y las diferentes ciudades comenzarían a crear sus propias fuerzas de seguridad. Esto reduciría el papel que los Rangers tendrían dentro de Texas. Eran demasiado violentos y se ganaron la reputación de disparar primero y preguntar después. Los agentes de la ley locales eran vistos como una mejor solución porque eran más propensos a tratar de hablar con los criminales primero. A principios del siglo XX, los ciudadanos empezaron a cuestionarse si los Rangers de Texas eran necesarios.

Capítulo 8 - La guerra del corte de cercos

No todos los problemas a los que se enfrentaron los Rangers de Texas estaban relacionados con fuerzas externas. Los colonos también tuvieron problemas con sus vecinos, y la disputa interna más notable fue la llamada guerra del corte de cercos. Hoy en día, el nombre suena cómico, pero era un tema de extrema contención cuando los colonos intentaban hacerse un hueco en el nuevo país. La introducción del alambre de púas en el salvaje Oeste crearía un motivo para que los ciudadanos se enfrentaran entre sí, sobre todo porque les preocupaba menos que los nativos americanos o los mexicanos les atacaran.

La introducción del alambre de púas

Antes de la introducción del alambre de púas, era increíblemente difícil para los rancheros y granjeros mantener a los animales errantes y a otros rancheros fuera de sus tierras. Las grandes zonas sin vallar podían acabar costando a los colonos sus beneficios, ya que no había forma de detener los robos sin tener guardias constantes, lo que resultaba ineficaz en el mejor de los casos. Se llegó a un punto en el que los ganaderos y agricultores tuvieron que trabajar en zonas de sus tierras que podían mantener más fácilmente. Teniendo en cuenta que muchos de ellos habían comprado más de cuatro mil acres, eso significaba que solo estaban poniendo en uso una fracción de sus tierras.

La introducción del alambre de púas en el salvaje Oeste facilitó a los rancheros y granjeros marcar sus tierras y disuadir a los animales y a la gente de entrar en ellas. El hombre al que se atribuye la invención de la alambrada es Michael Kelly. Sus vallas incluían un solo hilo de alambre, aunque inicialmente no tenían púas. El peso de las vacas hacía que esta valla fuera muy ineficaz, ya que podían atravesarla con facilidad y salir de la zona donde debían pastar. Al darse cuenta de que no era lo suficientemente adecuado para el uso al que estaba destinado, Kelly reforzó la valla enroscando dos alambres, de forma similar a un cable. Esto llegó a conocerse como la "valla espinosa" porque se añadieron púas a los dos alambres como elemento disuasorio para las vacas. Esto resultó ser mucho más eficaz, ya que las vacas tendían a mantenerse alejadas de las púas.

A medida que más gente se trasladaba al oeste, se intentaba mejorar el diseño de Kelly, algunos para sus propias granjas, pero muchos para poder beneficiarse de las patentes exitosas. El hombre más conocido por mejorar la valla espinosa de Kelly fue Joseph Glidden. Como agricultor que vivía en De Kalb, Illinois, Glidden tenía un interés personal en tener una valla de alambre eficaz, aunque también se aseguró de que su producto fuera patentado, como se ve por el apodo de "Rey de la púa". Obtuvo una patente en 1874 porque proporcionó una simple púa de alambre que se tejía en un alambre de doble hebra. Esto no solo reforzaba el alambre, sino que aseguraba que las púas permanecerían en su sitio mientras el alambre aguantara. Además de hacer una valla duradera, Glidden inventó una forma de producirla en masa. Su diseño es el más conocido hoy en día.

Los problemas de las tierras tejanas

En el siglo XIX, gran parte de Texas eran praderas salvajes y abiertas. Tenía muy pocas barreras naturales con las que marcar los territorios, incluso las rocas y la madera eran poco comunes. Esto significaba que era difícil saber dónde terminaba la tierra de una persona y dónde empezaba la de otra. Intentar instalar vallas significaba hacerlo todo desde cero, lo que dejaba margen de error en la colocación y la posibilidad de que se produjeran disputas por las reclamaciones de tierras. Tener que levantar una valla sin árboles ni rocas significaba casi siempre tener que instalar toda la valla, lo que podía ser muy costoso. Las vallas tampoco eran muy eficaces.

El intento de asegurar las tierras comenzó con formas muy básicas de alambre de púas ya en 1857. La introducción del alambre de púas de Kelly crearía un auge en las ventas para aquellos que pudieran pagarlo. La producción en masa hizo que el material fuera más fácil de conseguir, y las extensiones de tierra abiertas eran el lugar perfecto para el nuevo producto.

El problema del alambre de púas es que no todo el mundo podía permitírselo. Sin ningún tipo de marcador que indicara dónde estaban los límites, la gente empezó a disputar los límites de sus tierras, sobre todo porque el alambre de púas empezó a colocarse en tierras que no estaban bien definidas. Y lo que es más problemático, algunas personas, como el rancho XIT, colocaron alambre de púas sobre carreteras y otros lugares por los que transitaban otros ciudadanos. Algunas personas se atrevieron incluso a vallar zonas públicas. Este tipo de actividad provocaba muchas disputas, interrumpía la entrega del correo y dificultaba el acceso al agua y el acceso público a las zonas de pastoreo. Las leyes pretendían calmar las tensiones, pero tuvieron el efecto contrario, ya que la aplicación de la ley era mucho más dura con las personas que cortaban las vallas sin avisar a los propietarios de los terrenos que con las que violaban las leyes de bloqueo de las zonas públicas.

Con la sequía de 1883, los problemas con las cercas de alambre de púas no reguladas se volvieron imposibles de ignorar. La gente empezó a cortar los alambres, normalmente por la noche. Aunque estas personas se hacían llamar Blue Devils, Javelinas y Owls, los ciudadanos solían llamarlos nippers (tenazas). Según un informe del Galveston News, los "nippers" habían destruido más de 700 acres de propiedad solo cerca de Waco. Según otros informes, los nippers causaron unos veinte millones de dólares en daños, y sus actividades también provocaron tres muertes.

Sin embargo, muchos políticos de Texas no estaban dispuestos a pronunciarse activamente contra los salteadores. Aunque lo que hacían podía considerarse ilegal, muchas de las cercas también lo eran. Los "nippers" intentaban asegurar que el agua no fuera monopolizada por unos pocos, especialmente durante la sequía. En 1884 se aprobaron leyes que hacían ilegal el corte de alambre, pero muchos tejanos no estaban de acuerdo con las leyes, sobre todo porque estas se habían aprobado más bien para proteger a los ricos y a las grandes granjas. Las leyes hacían ilegal el cercado de tierras y caminos públicos a menos que se incluyera una puerta para que la gente pudiera pasar por ella. Aunque a los infractores se les daba un plazo de seis meses para cumplirla, muchos de ellos no se molestaban en arreglar sus vallas.

Los Rangers se involucran

Cuando se hizo evidente que las leyes se estaban ignorando en gran medida en el condado de Navarro, se llamó a los Rangers de Texas para que se ocuparan del problema. Dos Rangers se convirtieron en los principales encargados de resolver el problema, el sargento Ira Aten y el soldado Jim King. Su enfoque fue diferente al de muchos otros Rangers. Como los ciudadanos actuaban de noche y estaban armados, los dos hombres decidieron que el mejor enfoque era mezclarse con los ciudadanos. Aceptaron trabajos en los campos de algodón, aprendiendo lo que necesitaban saber sobre las actividades nocturnas de los posibles "nippers".

Cuando empezaron a saber quiénes eran los nippers de la zona, optaron por un método mucho más extremo para tratar el problema. Ninguno de los dos hombres prestó atención a los rancheros que no cumplían las leyes que establecían no bloquear los caminos ni las tierras públicas. Los Rangers solo actuaron contra las personas que intentaban que todos tuvieran la posibilidad de acceder al agua. Tal vez, al verse superados en número, los dos Rangers decidieron colocar dinamita a lo largo de algunas vallas. Cuando los nippers cortaron esas zonas, se produjo una explosión, lo que fue claramente una solución extrema que no fue bien recibida por la gente de la zona.

El ayudante general no tardó en pronunciarse contra estas acciones extremas de los Rangers y ordenó que dejaran de utilizar dinamita para disuadir a los nippers. Sin embargo, el daño ya estaba hecho. Si bien se detuvo en gran medida a estos nippers, y las guerras de corte de cercas se ralentizaron, y luego detuvieron, este tipo de método utilizado contra los ciudadanos hizo que la gente viera a los Rangers de Texas con una luz mucho más tenue, prefiriendo su propia aplicación de la ley a las acciones agresivas y extremas de los Rangers.

Capítulo 9 - La injusticia perpetrada por los Rangers de Texas

Todos los cuerpos de seguridad tienen un capítulo oscuro en su historia, y eso incluye a los Rangers de Texas. A menudo, se les retrata como los buenos o como víctimas de los villanos en las películas y la televisión. Sin embargo, este grupo de agentes de la ley tiene un historial de ignorar la ley cuando se trata de grupos minoritarios, particularmente mexicanos y nativos americanos.

Prácticas discriminatorias

Los Texas Rangers se formaron para luchar contra los nativos americanos en las fronteras de Texas. La forma en que trataron a los nativos americanos a lo largo de la historia de la organización ayudó a determinar la forma en que mirarían a otras naciones y razas. Dado que en un principio se les asignó el papel de juez, jurado y verdugo, los Rangers a menudo mataban a los pueblos nativos en lugar de intentar resolver las cosas de forma pacífica. Lo que quizá sea más preocupante es que algunos nativos americanos formaban parte de los primeros Rangers de Texas, sirviendo más bien para disuadir a otros nativos de atacar, así como para rastrear a los criminales.

La mayoría de los tejanos parecían perfectamente dispuestos a dejar que los Rangers de Texas hicieran lo que considerasen mejor. Los problemas que empezaron a surgir con los ciudadanos de Texas hacia finales del siglo XIX siempre habían sido un problema en otras comunidades, especialmente en las de nativos americanos y mexicanos. A los ciudadanos no les importaba en gran medida porque esas acciones no les habían afectado, por lo que se consideraba normal. Eso fue hasta que los problemas empezaron a afectarles, y los ciudadanos conocieron de primera mano lo brutales que podían ser los Rangers. Sin embargo, los nativos americanos, los mexicanos y los afroamericanos ya sabían lo violentos y peligrosos que podían llegar a ser los Rangers.

La discriminación y la persecución de grupos enteros de personas no harían más que empeorar hasta que finalmente se abordó en la primera mitad del siglo XX. Sin embargo, empeoraría mucho antes de mejorar.

Sentimiento antihispánico

Tras el final de la guerra entre México y Estados Unidos, los Rangers de Texas parecían encarnar el ideal estadounidense de que eran superiores a sus vecinos mexicanos. Esto dio lugar a una política de intolerancia y violencia que todavía mancha la reputación de la organización. Tras el final de la guerra se perpetraron muchas ejecuciones, linchamientos y otros actos de violencia contra los hispanos. Los asesinatos y la violencia alcanzarían un crescendo a principios del siglo XX.

Se calcula que trescientos mexicanos fueron asesinados por los Rangers de Texas o por turbas dirigidas por la organización entre 1915 y 1916. La violencia se produjo en gran parte porque dos gobernadores de Texas utilizaron al grupo más como matones que como forma de hacer cumplir la ley. Tanto el gobernador James

Ferguson como el gobernador William Hobby adoptaron una retórica antihispana que exacerbó la opinión pública y la llamada a la violencia. Las palabras por sí solas no tendrían el efecto deseado, así que, para disuadir aún más a los mexicanos de inmigrar a Texas, los Rangers de Texas actuaron más como matones que intimidaban a los mexicanos, así como a los afroamericanos.

Cuando los mexicanos no estaban dispuestos a vender sus tierras, los gobernadores enviaban a los Rangers de Texas para tratar de persuadirlos. Cuando eso no funcionaba, mataban a los hombres para intentar persuadir a sus esposas de que vendieran la tierra al gobierno. Los Rangers no fueron los únicos que perpetraron inquietantes actos de intimidación y asesinato, pero el hecho de que tuvieran el consentimiento del Estado para actuar de forma tan vergonzosa envalentonó a algunos de los peores. Los tipos de Rangers que habían sido populares entre el pueblo se habían ido después de la guerra porque la agencia no había sido requerida. Pasaron a desempeñar papeles importantes, y también menores, dentro del gobierno de EE. UU., dejando atrás a mucha gente menos capaz y que prefería tener poder que actuar en conciencia. A medida que los Rangers restantes se convertían en matones y delincuentes, su conducta ilegal era encubierta por los gobernadores que aprobaban lo que hacían.

Bajo el mandato del representante de la Cámara de Representantes de Texas, Claude Hudspeth, los Rangers serían utilizados como una forma de atizar la xenofobia contra los mexicanos. Alegando que las fronteras no eran lo suficientemente fuertes, Hudspeth trató de convencer al pueblo de Estados Unidos de que los mexicanos representaban una amenaza para los estadounidenses que prosperaban a lo largo de la frontera. Donde antes había un movimiento relativamente libre y unas relaciones más amistosas entre México y Estados Unidos, Texas empezó a aprobar leyes que imponían una frontera estricta que pretendía impedir la interacción política y social, así como limitar la inmigración. Los mexicanos fueron asesinados cuando poseían tierras en Texas, dejando a los supervivientes en gran medida como mano de obra en las tierras que antes pertenecían a México.

Los horrores que los Rangers perpetraron contra los nativos americanos terminaron en gran medida cuando los Rangers expulsaron a los pueblos nativos de sus propias tierras. Sin embargo, los Rangers continuaron matando mexicanos a lo largo de la frontera sin ninguna justificación. El libro *La injusticia nunca te abandona* analiza con más detalle la persecución a la que se enfrentaron los mexicanos en Texas hasta que los Rangers se vieron finalmente obligados a parar.

Antiguos esclavos

Texas fue uno de los estados del sur que se separaron de EE. UU. durante la guerra civil estadounidense, y trataron a sus esclavos tan mal como el resto de los estados del sur. Al igual que los nativos americanos, los que se conocerían como afroamericanos fueron perseguidos mucho antes de que Texas se independizara. Como ya se ha dicho, los esclavos fueron llevados a Texas con los colonos americanos originales, a pesar de que las leyes lo prohibían. Se hicieron concesiones especiales que luego se aprovecharon cuando los colonos estadounidenses decidieron no reconocer los requisitos que España y luego México exigían con respecto a los esclavos. Los esclavos debían poder comprar su libertad, algo que a los colonos americanos no les gustaba y que ignoraban en gran medida. Tampoco les gustaba que los antiguos esclavos pudieran adquirir un estatus más alto en la sociedad (aunque siempre por debajo de los descendientes de europeos) y comprar sus propias tierras. Los colonos americanos se enfadaron aún más cuando México dijo que la esclavitud se prohibiría por completo con el tiempo.

La amenaza de tener que pagar eventualmente a sus esclavos fue una de las principales razones por las que Texas luchó por su independencia de México. Una vez que fue independiente, Texas trató de perpetuar el sistema que pronto llevaría a EE. UU. a la guerra civil estadounidense. De haber sabido que EE. UU. no seguiría siendo una nación que apoyara la esclavitud, es probable que la institución hubiera continuado en Texas mucho después de que fuera prohibida en EE. UU. Durante la guerra civil, mucha gente se trasladó a regiones más alejadas de donde estaban estacionadas las tropas de la Unión en un esfuerzo por evitar que sus esclavos se rebelaran o intentaran unirse a los soldados de la Unión. Por supuesto, fue inútil, y Texas se vería obligada a renunciar a la esclavitud cuando Estados Unidos venció a los confederados en 1865.

Esto no significó que los tejanos no intentaran conservar el estilo de vida durante el mayor tiempo posible. Dado lo grande que era el estado, siguieron manteniendo a sus esclavos trabajando sin remuneración hasta que fueron descubiertos y, en algunos casos, pasarían algunos años antes de que sus acciones ilegales fueran descubiertas y castigadas. Sin embargo, los propietarios de esclavos ya no estaban unidos, por lo que cada individuo que se negaba a cumplir era finalmente descubierto y detenido.

Al sentirse perseguidos por su creencia de que los afroamericanos no eran personas o eran personas inferiores, los tejanos empezaron a elaborar códigos que pretendían evitar que sus antiguos esclavos se integraran en la sociedad. Una de las razones por las que Texas se apresuró a promulgar leyes que oprimían a los afroamericanos fue la elección de nueve afroamericanos como delegados del estado. Temiendo que sus antiguos esclavos se convirtieran en iguales, o quizás tan duros y crueles como lo habían sido los esclavistas, Texas comenzó a aprobar leyes que aseguraban que los afroamericanos no pudieran votar.

Este tipo de manipulación ilegal del sistema legal no se detendría hasta la segunda mitad del siglo XX. Sin embargo, durante varias décadas, los Rangers trataron terriblemente a los afroamericanos. No fueron tan activamente violentos contra los afroamericanos como lo fueron contra los mexicanos, ya que dejaron en gran medida la persecución de los afroamericanos a la Legislatura de Texas.

Parte II - Rangers famosos de Texas y sus enfrentamientos más famosos

Capítulo 10 - Algunos de los Rangers de Texas más notables

Con más de 150 años trabajando en gran medida en beneficio de los estadounidenses, los Rangers de Texas han producido algunos hombres admirables. Puede que sus nombres no sean conocidos entre la población estadounidense en general, pero se han ganado el reconocimiento de muchos de los habitantes de Texas. Como se verá en el siguiente capítulo, algunos de los criminales a los que se enfrentaron los Rangers de Texas se encuentran entre los más conocidos de la historia de Estados Unidos.

John Coffee Hays

El primer miembro famoso de los Rangers de Texas, John Coffee Hays, sirvió a la organización durante una de sus épocas más difíciles. La Revolución de Texas había liberado al pueblo de Texas de las injusticias percibidas por Santa Anna y México, pero también lo dejó increíblemente vulnerable a los ataques de los enemigos. En medio de la afluencia de colonos y la confusión, Hays se convirtió en un Ranger muy respetado, entrando en los anales de la historia de Texas como el primer miembro famoso de la organización.

Hays luchó tanto en la Revolución de Texas como en la guerra mexicano-estadounidense, y en ambas fue decisivo. Fue gracias a su trabajo y a su destreza en el rastreo y la exploración que los Rangers empezaron a ser reconocidos como una agencia fiable y competente. Su capacidad de liderazgo fue más allá de lo que muchos de los soldados esperaban, especialmente porque era la primera vez que muchos de los soldados iban a la guerra.

La reputación de la que gozan hoy los Texas Rangers se debe en gran medida a la capacidad de Hays para enfrentarse a los guerrilleros. Sin embargo, no permaneció mucho tiempo tras el fin de la guerra mexicano-estadounidense. Tras ganarse su reputación en Texas, se trasladó al oeste, a la región que pronto se convertiría en el estado de California. Hays pasó de las fuerzas del orden a la política y fue uno de los fundadores de la actual ciudad de Oakland. Durante su etapa como Ranger, es probable que supiera qué tipo de problemas esperar como ranchero, algo que hizo en California.

Samuel Walker

Uno de los primeros miembros de los Rangers bajo el mando de Hays, Samuel Walker, tuvo una de sus primeras grandes ofensivas contra los comanches durante la batalla de Walker's Creek. Walker fue uno de los pocos que resultaron heridos en la batalla, pero tras su recuperación, rápidamente se ganó un nombre. Al comienzo de la guerra méxico-estadounidense, sería el segundo Ranger más notable, después de John Hays.

Una de las razones por las que los Rangers habían tenido éxito en derrotar rápidamente a los nativos americanos fue la introducción del revólver Colt, considerado uno de los primeros revólveres prácticos. Mientras los norteamericanos luchaban en la guerra mexicano-estadounidense, Walker examinaba el diseño del Colt y determinaba varias formas de mejorarlo. Su nueva versión del arma la convirtió en la más mortífera de la guerra. Sería su mayor contribución a los

Rangers. Walker murió durante la batalla de Huamantla a principios de octubre de 1847.

Ben McCulloch

Aunque no se hubiera hecho un nombre, Ben McCulloch era vecino de uno de los personajes más famosos de la época, Davy Crockett. Al seguir a Crockett, McCulloch llegó a Texas en 1835. La razón por la que McCulloch no estaba cuando cayó El Álamo fue porque estaba enfermo de sarampión. Cuando se recuperó, El Álamo ya se había perdido. Queriendo vengarse, se unió a Sam Houston para luchar en la batalla de San Jacinto, y luego se unió a los Rangers en la batalla de Plum Creek. Se ganó un puesto como primer teniente de Hays antes de la guerra con México. El general Zachary Taylor también empleó a McCulloch como su jefe de exploradores.

Al igual que Hays, McCulloch se dirigió a California para intentar ganar su fortuna. Sin embargo, cuando estalló la guerra civil, ya estaba de vuelta en Texas. En 1861, fue ascendido al cargo de general de brigada confederado. Murió luchando por el bando perdedor en la batalla de Pea Ridge en 1862.

William Wallace - Pie Grande

William Wallace era un hombre corpulento, que llegó a medir 1,80 metros de altura y a pesar 108 kilos antes de cumplir los veinte años. Esto le valió el apodo de Bigfoot (Pie Grande) en su ciudad natal de Lexington, Kentucky. Al enterarse de que su hermano había sido asesinado en la masacre de Goliad, Wallace se dirigió a Texas en 1836, planeando vengarse. Sin embargo, llegó demasiado tarde para luchar en la guerra, pero se quedó en Texas, fijando su residencia en San Antonio.

Wallace tuvo finalmente la oportunidad de vengarse de la muerte de su hermano en 1842, cuando México lo invadió. Desgraciadamente, Wallace acabó siendo hecho prisionero y permaneció como tal durante dos años. Pasó ese tiempo en una de las más notorias prisiones mexicanas situada en Veracruz.

Para cuando salió, Wallace había decidido unirse a los Rangers. Sirviendo a las órdenes de Hays, Wallace se ganaría una reputación de Ranger capaz y líder. En la década de 1850, fue puesto a cargo de su propia compañía.

Fue uno de los miembros más notables de los Rangers que estaban en contra de la secesión. Sin embargo, no abandonó el estado. A pesar de ello, luchó contra los soldados de la Unión, aunque también trató de proteger las fronteras de otros ataques. Wallace consiguió sobrevivir a la guerra, y se ganaría la reputación de ser un gran narrador. Por ello, se convertiría en uno de los primeros héroes populares del estado, siendo sus relatos de lucha en el salvaje Oeste mucho más novedosos cuando murió en 1899; consiguió vivir lo suficiente para ver el brusco declive del salvaje Oeste hacia un lugar más sometido y respetuoso con la ley, algo que él ayudó a conseguir.

John B. Armstrong

John B. Armstrong creció en Tennessee, pero no se llevaba bien con los representantes de la época de la Reconstrucción tras el final de la guerra civil. En lugar de seguir luchando, Armstrong se trasladó a Texas, donde había muchas menos autoridades del bando de la Unión, cuando tenía 22 años.

La razón por la que Armstrong sigue siendo un miembro notable de los Rangers fue por su trabajo para acabar con el infame John Wesley Hardin en 1877, un hombre del que se habla en un capítulo posterior. Una de las razones por las que Armstrong se ganó su reputación fue que resultó herido de bala cuando pidió que le pusieran en el caso de Hardin, y luego siguió la pista del criminal hasta Florida. Armstrong también consiguió hacer algo que probablemente parecía imposible: capturar vivo al famoso pistolero para que Hardin tuviera que ir a juicio por asesinato.

John B. Jones

Fue John B. Jones quien ayudó a establecer a los Rangers como una notable agencia policial tras el final de la guerra civil. Se había distinguido durante la guerra civil, así que sabía lo caóticas que podían ser las cosas sin la ley. Él y sus fuerzas se las arreglaron para preservar la ley durante una época que es bien recordada por las situaciones agitadas y peligrosas.

Jones también acabó con uno de los criminales más notables de la historia de Texas, Sam Bass, del que se habla en el siguiente capítulo. A diferencia de Armstrong, Jones no pudo capturar a Bass con vida. Su captura, y posterior muerte, fue considerada como el momento en que el salvaje Oeste fue finalmente domado, y la muerte de Bass fue un momento crítico para los Rangers de Texas. Se hizo más difícil para ellos seguir operando con el enfoque agresivo por el que se habían hecho famosos hasta ese momento. Aunque Bass era temido, la población en general le quería. Compartía su riqueza, que robaba a la gente que podía pagarla. El hecho de que los Rangers empezaran disparando contra él (personificando el adagio de disparar primero y preguntar después) puso en duda sus métodos, algo que se criticaría más abiertamente con el paso de los años.

El capitán Bill McDonald

El capitán Bill McDonald sería uno de los primeros Rangers cercanos a la cúpula que tendría que enfrentarse al funcionamiento de los Rangers, ya que no podían seguir operando como lo habían hecho desde la creación de la agencia. McDonald era el Ranger más conocido de la época, por lo que le correspondió implementar los cambios que harían que la organización dejara de lado prácticas que ya no eran aceptables, como el enfoque agresivo por el que los Rangers se habían hecho famosos. Como capitán de los Rangers desde 1891 hasta 1907, ayudó a perseguir a los criminales de alto perfil y los problemas del estado.

McDonald tenía el tipo de actitud hacia el crimen que se espera de un Ranger: era increíblemente confiado. A esta época se le atribuye haber dicho. "Un disturbio, un Ranger", un sentimiento que ciertamente vivía, aunque no lo dijera realmente. Uno de los ejemplos más notables de su bravuconería fue durante una pelea por un premio que se produjo en Dallas mientras era el capitán de los Rangers. Estaba allí para disolverla, pero acudió solo. Cuando la comunidad le preguntó cuándo llegarían sus refuerzos, se dice que respondió: "¡Diablos! ¿No soy suficiente? Solo hay una pelea con premio". McDonald aún conservaba gran parte de la actitud confiada de los primeros días de los Rangers, pero estaba ayudando a la transición del grupo hacia algo que continuaría en la nueva era. Tras su paso como uno de los líderes de los Rangers, estos se volvieron respetables y fiables, y fue en gran parte gracias a sus esfuerzos que se convirtieron en la agencia que son hoy.

Frank Hamer

Frank Hamer pasó la mayor parte de su vida entrando y saliendo de los Rangers, aunque permaneció en las fuerzas del orden durante la mayor parte de su vida. Se incorporó a la agencia en 1906 y pasó a formar parte de la patrulla fronteriza regular. Años después de dejar la agencia, Hamer regresó y finalmente asumió un papel más importante en 1922. Siguió siendo una de las figuras más destacadas a medida que los Rangers se volvían más hábiles en la aplicación de la ley, así como menos agresivos. Sin embargo, Hamer tuvo que ayudar a mantener el equilibrio entre los encargados de hacer cumplir la ley y los agresores, ya que el auge del petróleo durante esta época supuso el rápido ascenso y descenso de muchas ciudades. Esto significaba que había mucha tensión que requería una mente rápida para evaluar cómo responder. Hamer se retiró en 1934.

Sin embargo, la jubilación no fue lo mismo para él que para la mayoría de la gente, ya que Hamer puso sus amplios servicios a disposición de los Rangers como investigador especial. Fue después de su jubilación cuando Hamer ganaría su fama como el hombre que abatió a los infames Bonnie Parker y Clyde Barrow.

Capítulo 11 - Sam Bass

Quizá el primer forajido famoso al que se enfrentaron los Rangers de Texas fue Sam Bass. Aunque no era el hombre que la leyenda hizo aparecer, seguía siendo un peligroso forajido que supuso un verdadero reto para los recién formados agentes de la ley de los Rangers de Texas. Al igual que muchas de las personas que encontraron su fin contra los Rangers de Texas, Sam Bass fue una figura popular. Hoy en día se le llama a veces "Robin Hood a caballo rápido" o "el bandido amado de Texas" por lo que se dice que hacía con el dinero que robaba.

La vida de uno de los primeros forajidos del Oeste

El famoso forajido nació en 1851 cerca de Mitchell, Indiana. Poco se sabe de sus padres, ya que él y sus hermanas y hermanos quedaron huérfanos cuando era joven. Su tío los acogió, añadiendo varios niños más a su prole de nueve. Con tantas bocas que alimentar, y debido a que vivían en una zona rural de Estados Unidos, los niños no asistieron a la escuela para recibir educación formal.

A los dieciocho años, Sam salió a ganarse la vida en Mississippi. Durante su primer año en el estado, aprendió a disparar y se convirtió en un experto jugador de cartas. Su estancia en Mississippi fue corta, ya que pronto se hizo amigo de Scott Mayes. Su nuevo amigo se dirigía a Denton, Texas, una idea que intrigaba al joven Sam Bass. Las imágenes de convertirse en un vaquero ayudaron a persuadir a Bass para que se fuera con su amigo.

Irónicamente, el primer trabajo conocido de Sam fue trabajar con el sheriff W. F. Eagan, aunque no como agente de la ley. Sam tenía bastante experiencia en granjas, así que el sheriff lo empleó como peón. Durante este tiempo, Sam aprendió mucho sobre el campo y los caminos porque parte de su trabajo implicaba ser un cochero. Más tarde usaría este conocimiento para evitar ser capturado.

Bass vivió una vida honesta durante varios años más, ganándose un nombre como peón fiable y trabajador. Con el dinero que ganaba, pudo ahorrar lo suficiente para comprar una impresionante yegua para participar en carreras de caballos. Conocida como Denton Mare, la yegua hizo que Sam ganara más que suficiente dinero para dejar de trabajar en la granja del sheriff Eagan e instalarse en una vida cómoda de carreras de caballos y juegos de azar en algún momento de 1875. Durante este tiempo, se haría amigo de varios de los hombres que eventualmente se convertirían en sus compañeros forajidos. Bass se dedicó a la delincuencia después de utilizar sus ganancias para hacerse con un rebaño de ganado para venderlo en los mercados del norte y conseguir más dinero. Esta parte de la aventura tuvo éxito. Donde fracasó fue al dedicarse a la búsqueda de oro para intentar ganar aún más dinero. Para cuando él y su socio Joel Collins se dieron por vencidos, estaban completamente arruinados.

En lugar de volver a trabajar, el par optó por robar diligencias. Uniéndose a otros dos hombres, llegaron a ser conocidos como los Bandidos de las Colinas Negras, que era donde se habían trasladado como buscadores de oro. Al principio, tuvieron mucho éxito, asaltando siete diligencias en cuestión de meses. Al darse cuenta de que la recompensa de sus robos no sería suficiente, los Bandidos de las Colinas Negras pasaron a objetivos mucho más grandes.

Los trenes como fuente de ingresos

Habiendo decidido que los trenes tenían un potencial mucho mayor para establecerlos de por vida, la banda fijó una fecha para su primer robo de trenes, el 18 de septiembre de 1877. Ya contaban con seis miembros, por lo que podían ser más atrevidos en sus actividades delictivas. El plan era atacar a las 10:48 p. m. y tomar el control de la estación de Big Spring en Nebraska. Con la estación bajo su control, hicieron parar el siguiente tren y lo abordaron.

Sin embargo, pronto se dieron cuenta de que la recompensa no era tan grande como esperaban. Solo había 450 dólares en la caja fuerte a la que era fácil acceder. La caja fuerte más segura estaba programada con un temporizador y no podía abrirse hasta que llegara a un destino específico. Frustrados y sin entender cómo no se podía abrir la caja fuerte, los bandidos golpearon sin piedad al mensajero urgente. Molestos, empezaron a romper otras cosas del tren y se sorprendieron al encontrar varias cajas de madera. En esas cajas había piezas de oro por un total de 60.000 dólares. Se repartieron las riquezas y los seis hombres se dividieron en parejas para no ser capturados todos a la vez. Dos de ellos fueron asesinados una semana después del robo. Otra de las parejas se dividió, y uno de ellos fue capturado y el otro probablemente escapó a Canadá. Bass y un hombre llamado Jack Davis se dirigieron al sur.

Durante su viaje hacia el sur en un vagón, se encontraron con un grupo de detectives y soldados que buscaban a los seis hombres que consiguieron realizar el atraco al tren. Con el dinero escondido bajo su asiento, no era obvio que fueran dos de los bandidos. Y lo que es más sorprendente, consiguieron convencer a los agentes de la ley de que ellos también buscaban a los ladrones por la recompensa. Esto funcionó, y después de viajar juntos durante cuatro días, los agentes de la ley y los soldados tomaron un camino diferente. Ya no preocupados por ser detectados, Bass y Jack Davis se dirigieron a Denton, Texas. Aquí, Bass entraría en una nueva fase de su vida. Con su nueva riqueza, que según explicó era una marca de su éxito como prospector, Bass atrajo mucha atención. No contento con disfrutar de la riqueza de 10.000 dólares, Bass formaría su propia banda y haría del robo de trenes su nueva profesión, en la que tendría un éxito notable. También es posible que no pudiera gastar gran parte de su dinero porque estaba en oro que había sido acuñado por el gobierno estadounidense. Si este fuera el caso, es probable que Bass ocultara la mayor parte de su riqueza. Sea como fuere, esta nueva etapa de su vida resultó ser mucho más emocionante.

La explotación de un Texas debilitado y la guerra de Bass

Cuando Bass se instaló en Texas en 1878, el estado se estaba recuperando de sus pérdidas durante la guerra civil, como muchos de los estados del sur. La reconstrucción había terminado recientemente, pero el estado era grande y había muchos que esperaban manipular la situación para hacerse más poderosos. En ese sentido, no se diferenciaban demasiado de Sam Bass; solo que ellos intentaban manipular el sistema, mientras que Bass estaba dispuesto a infringir la ley descaradamente.

Con el estado en una condición mucho más débil de lo que había sido desde que obtuvo su independencia, los ciudadanos de Texas querían protección contra los bandidos y las bandas. La gente que buscaba más poder empezó a prometer que tomaría medidas enérgicas contra las actividades ilegales, y rápidamente llamaron a los Rangers de Texas.

Bass se había ganado un nombre por los éxitos que él y su banda habían conseguido, lo que le convirtió en objetivo de políticos y aspirantes a políticos, que decidieron dar ejemplo con él y su banda. Con el apoyo de tantos, los Rangers de Texas se tomaron muy en serio la captura de Bass. De hecho, se convirtió en su principal objetivo.

Habiendo aprendido todos los caminos y senderos cuando había vivido en Texas trabajando como peón y carretero, Bass y sus hombres fueron capaces de eludir a los Rangers de Texas. La clara ventaja de conocer el terreno y las zonas hizo que los Rangers de Texas parecieran ineptos, lo que obviamente molestó a los Rangers. No estaban acostumbrados a luchar contra un adversario que conocía la zona mejor que ellos, y finalmente se dieron cuenta de que tendrían que encontrar otra táctica para capturar finalmente a la banda de Bass. Centrándose en descubrir a las personas que estaban ayudando a los bandidos, los Rangers arrestaron a Henderson Murphy y a su hijo Jim. Enfrentado a los cargos de robo del correo federal, Murphy aceptó volver a unirse a la Banda de Bass. Como miembro, Murphy traicionaría a su antiguo jefe, no solo para salvar su propio pellejo, sino también con la esperanza de conseguir parte de la gran recompensa que se había puesto sobre la cabeza de Bass.

Sin saber que Murphy se había vuelto contra ellos, la banda fue a su casa a descansar en abril de 1878. Los Rangers los encontraron allí y se produjo un tiroteo. Bass fue alcanzado en su cinturón de cartuchos y en su rifle, sin sufrir heridas en su cuerpo. Aun así, fue una experiencia angustiosa, y la banda se dirigió inicialmente al norte después del tiroteo. En junio, decidieron que lo más seguro era dirigirse al sur después de que una partida de soldados les retara a un tiroteo, en el que murió uno de los miembros de la banda.

La muerte de Sam Bass

La persecución de la banda de Bass resultó ser no solo complicada, sino también peligrosa, ya que varias personas de todo Texas intentaron acabar con el forajido por sí mismas. Bass consiguió matar a varios ciudadanos que esperaban conseguir la recompensa por su muerte. Uno de estos intentos hizo que los Rangers se enteraran de su posición. El Ranger Ware se encontraba cerca en ese momento, y la leyenda dice que interrumpió el afeitado que estaba recibiendo para perseguir a la banda. Con la espuma del afeitado todavía en la cara, Ware se encontró con el mayor Jones, que también se había enterado del tiroteo que provocó la muerte del ayudante Grimes. Jones disparó a Bass cuando este y la banda se dirigían a sus caballos, llamando la atención sobre él y Ware. Dos ciudadanos y el Ranger Harold pronto se unieron a los dos Rangers, y juntos encontraron a la banda montando sus caballos. Bass resultó gravemente herido durante el encuentro.

Las pruebas parecen apoyar la afirmación de que el Ranger Ware había sido el hombre que disparó al forajido. Según los médicos de la época, la bala se había roto al golpear el cartucho del cinturón de Bass y entró por dos sitios después de que el cinturón se rompiera. Bass también relató que había sido alcanzado antes de llegar a los caballos, diciendo que fue golpeado por un hombre con espuma en la cara. El propio Ware no afirmó haber sido el tirador exitoso, dando paso a que Harold se llevara el crédito. Bass había adquirido tanta notoriedad en aquella época que la gente temía las represalias por haberle herido con éxito a él o a sus hombres. Probablemente por eso Ware estaba de acuerdo con que Harold recibiera el crédito por haber herido a Bass.

Los supervivientes de la banda de Bass escaparon, incluido el propio Bass, pero no estaría mucho tiempo huyendo. Temiendo que hubiera más gente en peligro si seguían persiguiendo a Bass, los Rangers se echaron atrás. En su lugar, se centraron en el seguimiento de la banda de Bass. Cuando al día siguiente se encontraron con un hombre apoyado contra un árbol, al principio lo ignoraron creyendo que se trataba de un trabajador ferroviario cansado. Cuando los Rangers se acercaron al hombre, este levantó las manos y confesó quién era.

Finalmente, bajo custodia, Bass no proporcionó a los Rangers ninguna información útil que les ayudara a capturar a los tres miembros restantes de la Banda de Bass. En ese momento, Bass dijo que no había matado a nadie, a no ser que se debiera a sus disparos durante el tiroteo final que provocó la muerte del ayudante del sheriff Grimes. Esta fue una admisión extraordinaria, teniendo en cuenta lo notorio y peligroso que se le consideraba en ese momento. Murió al día siguiente, el 21 de julio de 1887.

Esto demostró ser una bendición para los Rangers, ya que la Legislatura de Texas estaba debatiendo si la agencia era ya necesaria. Con la captura de Bass, demostraron que tenían un lugar y un propósito en el estado.

Pero este no fue el único legado de la vida y la muerte de Bass. Su reputación creció considerablemente después de su muerte, lo cual es toda una hazaña teniendo en cuenta el miedo que inspiraba su nombre en aquella época. Los vaqueros inventaron una canción para cantar a su ganado llamada "La balada de Sam Bass", creada por John Denton, y que se utilizaba para calmar a sus cargas en las noches difíciles. La fama de Sam continuó creciendo, hasta el punto de que a finales del siglo XIX fue incorporado a los museos de cera de Madame Tussauds.

Capítulo 12 - John Wesley Hardin

Cuando se habla de tipos malos o de hombres del salvaje Oeste que visten de negro, existen pocos cuya reputación rivalice con la de John Wesley Hardin. Se cree que disparó y mató a más de treinta hombres durante sus 42 años de vida. La mayor parte de la vida de Hardin la pasó huyendo, aunque intentó establecerse periódicamente en algunas ocasiones. Irónicamente, sería indultado hacia el final de su vida y se convertiría en abogado antes de dejarse matar por una mujer. Aunque no fue el primer forajido (ni siquiera el más recordado), metió miedo a cualquiera que se cruzara con él, salvo a los Rangers de Texas y a algunos de los hombres que empleaba, que eran tan duros y potencialmente crueles como el propio Hardin.

Vida temprana

Nacido de un predicador metodista y su esposa en 1853 en Bonham, Texas, John Wesley Hardin parecía tener todo lo que necesitaba en la vida para triunfar. Su padre no solo tenía un trabajo fijo en la iglesia, sino que también era abogado, una combinación profesional que parecería prestar una moral extra a sus hijos. En cambio, Hardin mostraría sus tendencias violentas bastante pronto en la vida. Solo tenía catorce años cuando apuñaló a uno de sus compañeros de clase. Al año siguiente, Hardin cometería su primer asesinato, disparando a un afroamericano en el condado de Polk. Pronto los agentes de la ley del condado de Polk fueron tras él, lo que llevó a Hardin por el camino que le convertiría en uno de los forajidos tejanos más conocidos de la historia de Estados Unidos.

Cuando Hardin cometió su primer asesinato, la guerra civil estadounidense acababa de terminar. Rodeados por quienes habían contribuido a acabar con el modo de vida que Texas había intentado mantener desde que le arrebató la tierra a México, los tejanos se veían obligados a consentir a la nación que les había rechazado inicialmente. La abierta agresividad de Hardin pudo ser producto del ambiente malsano que le rodeaba. El pueblo de Texas se veía ahora obligado a considerar a sus esclavos como personas, y no todos estaban dispuestos a hacerlo. El hecho de que los soldados de la Unión en el estado trataran la muerte de un afroamericano como un asesinato puede haber sido inesperado.

Un rastro de sangre

Viendo su violento historial, parece que el asesinato era solo cuestión de tiempo para el joven Hardin. Una vez que inició ese camino, se adaptó a él como un pez en el agua. Mientras huía de los agentes de la ley, Hardin mató entre uno y cuatro soldados de la Unión que le seguían la pista.

Con el tiempo se convertiría en un vaquero que trabajó a lo largo del Camino de Chisolm durante 1871, lo que le mantuvo en constante movimiento. Durante ese año, se estima que mató a siete personas más. Después de esto, se dirigió a Abilene, Kansas, donde añadió otras tres personas a su creciente lista de víctimas. Durante su corta estancia en Abilene, se encontró con el famoso "Wild Bill" Hickok. Cuando un par de amigos de Hardin se enfadaron con Hickok por desfigurar una imagen obscena que los forajidos habían pintado en el lateral de uno de sus edificios, esos amigos trataron de empujar a Hardin a luchar contra Hickok. Le hablaron a Hardin de los orígenes de Hickok, llamando constantemente al famoso Wild Bill un yanqui que odiaba a los rebeldes (el término para los sureños). Sin embargo, su estratagema fracasó, ya que Hardin conocía la reputación de Wild Bill y lo respetaba. Sin embargo, Hardin y Hickok acabaron encontrándose cara a cara. Cuando era un agente de la ley, Hickok le dijo a Hardin que llevaba armas en contra de la ordenanza de la ciudad. En un principio, Hardin pareció acceder, entregándole las pistolas, pero las giró en el último momento para que Hickok mirara por los cañones. Sin embargo, Hardin no hizo nada y ambos hombres siguieron su camino. Más tarde, ese mismo año, Hickok y Hardin salieron de viaje en busca de ganado y Hickok permitió a Hardin llevar sus pistolas de vuelta al pueblo, algo que a Hardin le encantaría porque se le consideraba que tenía una relación estrecha con el famoso pistolero. Las cosas habrían sido muy diferentes si Hickok hubiera sabido quién era realmente Hardin. En ese momento, Hardin se hacía pasar por un alias, por lo que la gente de la ciudad no sabía que era un hombre buscado.

Casi inmediatamente después de llegar a Texas, Hardin se metió en problemas con la policía estatal. Fue arrestado por haber matado al alguacil de la ciudad de Waco, aunque afirmó no haber sido el autor. El problema se resolvió pronto, dejando a Hardin libre para casarse con Jane Bowen. Tendrían tres hijos y, durante un tiempo, parecía que intentaba llevar una vida más asentada. Sin embargo, no duró mucho, y Hardin y su joven familia pasarían gran parte de los siguientes años huyendo.

Capturado por los Rangers de Texas

El número de personas que mató Hardin varía según la fuente, pero se sabe que colaboró con los anti reeleccionistas contra las fuerzas del orden. Tras matar al antiguo capitán de la policía estatal Jack Helm, entonces ayudante del sheriff del condado de Brown, Hardin tuvo que llevarse a su familia a Florida en 1874. No dispuestos a dejar escapar al asesino, los Rangers de Texas lo persiguieron. Finalmente, en julio de 1877, atraparon al forajido en Pensacola, Florida. Al menos un Ranger perdió la vida durante la lucha para capturar a Hardin.

Una vez detenido, Hardin fue llevado a Texas para ser juzgado. Le impusieron 25 años de prisión en septiembre de 1878, aunque no llegaría a cumplir dos décadas antes de ser indultado en 1894. La mayor parte del tiempo que pasó en prisión lo dedicó a seguir los pasos de su padre como abogado. A pesar de sus crímenes, Hardin se incorporó al colegio de abogados de Texas poco después de su indulto. Sin embargo, pronto se metió en problemas por una aventura que tuvo con la mujer de uno de sus clientes. Cuando el marido se enteró, Hardin contrató a unos asesinos para que lo mataran. Al parecer, Hardin no quería matar de verdad ahora que era un pilar notable de la comunidad de El Paso. Sin embargo, algunos dicen que no pagó al asesino, lo que podría haber sido una de las razones de lo que ocurrió después. El 19 de agosto de 1895, John Selman, padre, entró en el Acme Saloon, donde Hardin estaba de juerga. Al acercarse al hombre, Selman le disparó en la cabeza. Aunque Hardin murió tras el primer disparo, Selman le disparó tres veces más después de que se desplomara en el suelo.

La vida de Hardin se caracterizó en gran medida por la violencia, pero era único en el sentido de que se comportaba como un caballero cuando no estaba matando. Según él, nunca mató a nadie que no lo mereciera, una afirmación que obviamente era falsa si se tiene en cuenta que mató a agentes de la ley y a personas que no le habían hecho ningún mal. A diferencia de Bass, Hardin no era considerado un héroe, y su muerte no fue recibida con una reacción similar.

Capítulo 13 – El intento de asesinato

Cuatro presidentes estadounidenses han sido asesinados, pero un número mucho mayor ha sobrevivido a intentos de asesinato. El asesinato más famoso en Texas fue el del presidente John F. Kennedy. Sin embargo, menos conocido hoy en día fue el intento de asesinato contra el presidente William Howard Taft. El propio Taft diría que fueron los Rangers de Texas quienes le salvaron la vida.

Un encuentro histórico

Tras el cambio de siglo, México y EE. UU. se mostraron finalmente dispuestos a dialogar y establecer una relación más sana. El presidente estadounidense Taft y el presidente mexicano Porfirio Díaz se tomaron el tiempo necesario para decidir cuál sería la mejor manera de reunirse y discutir lo que tendrían que hacer en adelante. Hasta ese momento, no había existido una relación oficial entre los dos países vecinos, por lo que había mucho potencial para empezar a curar los daños causados por la anexión de Texas y la guerra mexicano-estadounidense. Después de todo, ambas naciones habían derrocado a lo que consideraban naciones extranjeras opresoras. Estados Unidos y México tenían mucho más en común y se beneficiarían de desarrollar una buena relación.

La cuestión era cómo hacerlo sin sacar a relucir los acontecimientos del pasado y sin ofender al otro líder. En ambos lados, había oposición a la medida porque había gente que todavía guardaba rencor; solo había pasado medio siglo, y la gente de ambos lados seguía sintiéndose agraviada.

En un esfuerzo por asegurar la neutralidad, ambos presidentes acordaron que se reunirían a lo largo de la franja del Chamizal, situada entre El Paso, Texas, y Ciudad Juárez, Chihuahua. En esta región no se ondearían banderas nacionales para el encuentro. Desgraciadamente, el hecho de que el lugar fuera de dominio público significaba que los que aún guardaban rencor sabían exactamente dónde estarían los dos líderes y cuándo. Ambas partes sabían que ponían a sus líderes en mayor riesgo al hacer esto, y trabajaron para minimizar el peligro para sus vidas. Desplegaron cuatro mil soldados de ambos ejércitos, agentes del FBI y del Servicio Secreto, y Servicio de Alguaciles de los Estados Unidos. Otros 250 estadounidenses se sumaron al dispositivo de seguridad en un esfuerzo por garantizar la seguridad de Taft. Sin embargo, los hombres que mejor conocían la zona eran los Rangers de Texas, y fue su conocimiento el que resultó decisivo para asegurar que ambos presidentes sobrevivieran.

El atentado contra la vida de dos presidentes

Los dos hombres se encontrarían el 16 de octubre de 1909, en la cumbre que iba a cambiar finalmente la relación entre los países vecinos. El soldado Ranger C.R. Moore y Frederick Russell Burnham, líder de los 250 ciudadanos particulares, estaban revisando la zona para asegurarse de que todo estaba preparado. Se encontraron con un hombre en la Cámara de Comercio de El Paso, que llevaba una pistola oculta. El edificio estaba situado en la ruta que ambos presidentes estaban tomando para celebrar la cumbre. Los dos hombres detuvieron inmediatamente al posible asesino poco antes de que los presidentes entraran en el radio de acción de la pistola del hombre.

La cumbre fue un éxito, pero el presidente Díaz estaba envejeciendo, y los mexicanos se rebelarían contra él durante 1910. Según la paz que los dos presidentes habían negociado, Estados Unidos no tendría ninguna injerencia militar en el país. Como Díaz era un autoritario, probablemente no quería ser desplazado por Estados Unidos y que se pusiera un títere en su lugar. Cuando los mexicanos empezaron a levantarse contra su presidente en 1910, Estados Unidos perdió mucho dinero, ya que había invertido en el país, a pesar de la tensa relación. El pueblo mexicano comenzó a amotinarse contra los estrechos lazos con EE. UU., pero la noticia no llegó a Taft hasta unos meses después. Su reacción fue enviar soldados a la frontera y la marina al golfo de México. Sin embargo, no debían realizar ninguna acción sin el consentimiento expreso del Congreso, ya que sería un acto de guerra. Los militares estadounidenses no debían hacer nada, independientemente de lo que presenciaran, para no iniciar una guerra no autorizada. Los disturbios se extendieron a Arizona, con dos ciudadanos muertos. A pesar de la provocación, Taft supo transmitir la necesidad de mantenerse al margen de la lucha. Aunque fue tenso, se evitó otra guerra gracias al éxito de la cumbre de octubre del año anterior, que nunca habría sido posible sin los esfuerzos de los Rangers de Texas.

Capítulo 14 - Papel en la guerra de los bandidos

El nombre sugiere que se trataba de una guerra entre bandidos en Texas y que los Rangers tuvieron que disolverla, pero la verdad es más complicada. El problema no era con los forajidos, sino con los miembros de la comunidad que abusaban de su poder durante la década de 1910. La década llegó a ser conocida como la guerra de los Bandidos, la Era de los Bandidos, la Época de los Problemas de los Bandidos y la Era de la Vergüenza, porque parecía casi imposible que el estado pudiera eliminar por completo la corrupción. Fueron los métodos incontrolados de los Rangers, que eran abiertamente violentos y racistas, que eventualmente requerirían que los Rangers fueran refrenados, y sigue siendo una de las mayores manchas en su historia. Después de este periodo, los ciudadanos tendrían poca fe en los Rangers de Texas, ya que demostraron ser tan corruptos como los criminales que perseguían. La reputación de los Rangers no empezaría a recuperarse hasta la década de 1920, con un nuevo líder.

Pudriéndose por dentro

Con la guerra civil a medio siglo de distancia, muchos de los estados del sur se habían recuperado hasta cierto punto. Sin embargo, la corrupción se había instalado en muchos de ellos, ya que el racismo se había institucionalizado. En aquella época, Texas era el estado más grande de EE. UU., y seguía siendo conocido por formar parte en gran medida del salvaje Oeste. Esta reputación se veía exacerbada por la corrupción generalizada y la actividad criminal que continuaba casi sin control. Desde los cuatreros y las bandas hasta los políticos corruptos, en el Estado de la Estrella Solitaria se producían muchas actividades turbias. La situación llegó a ser tan grave que los Rangers de Texas tuvieron que aumentar las patrullas a lo largo de la frontera entre México y Texas para evitar que los delincuentes escaparan a través de la frontera o regresaran si habían logrado huir de los agentes de la ley la primera vez.

Algunos de los problemas se derivaron de la rebelión mexicana que comenzó en 1910. El gobernador de Texas esperaba frenar algunos de los problemas que crecían en Texas, especialmente entre los descendientes de mexicanos, nombrando a Henry Ransom como capitán de los Rangers de Texas en la parte sur del estado. Este nombramiento se hizo porque Ransom había salvado la vida de un prominente capitán del ejército en las Filipinas, Johan Hulen, quien pagó a Ransom recomendándolo como capitán al gobernador. Desgraciadamente, Ransom era un conocido asesino, y recurrir a la violencia era algo demasiado habitual en él. Cuando el gobernador Ferguson le ordenó crear una nueva compañía de Rangers e "...ir allí y limpiarlo, aunque tuviese que matar a todos los malditos hombres relacionados con él [refiriéndose al Plan de San Diego]", Ransom no tuvo reparos en la orden. Con la promesa de que él y sus hombres serían inmunes a la persecución por asesinato, Ransom se convirtió exactamente en lo que el pueblo había temido desde finales del siglo anterior. No había ningún control sobre él, y él y sus hombres actuaban más como bandidos que como agentes de la ley.

El plan de San Diego

Entre 1915 y 1917, hubo frecuentes estallidos de violencia a lo largo de la frontera. Cuanto más un bando atacaba, asaltaba y destruía tierras en el otro lado, más se desquitaba el otro bando.

En la pequeña ciudad texana de San Diego (no confundir con San Diego, California), un grupo de partidarios de México documentó su plan para provocar una revolución en EE. UU. que convertiría partes de Texas en otro país independiente. Esperaban ganarse a otras minorías ofreciendo tierras a los nativos americanos y haciendo que los estados fueran gobernados por afroamericanos. Habría incluido más tierras además de Texas.

Los ataques se llevaron a cabo en gran medida en torno a las regiones bajas del valle del Río Grande. Se destruyeron los sistemas de riego, se dañaron los caballetes del ferrocarril y se atacó a la gente. Los norteamericanos de la zona empezaron a temer que el aumento de la propaganda racista acabara con la matanza de todos los angloamericanos. Por ello, el gobernador de Texas, Ferguson, fue muy descuidado en sus instrucciones a Ransom, alimentando el fuego en lugar de reducir los riesgos para la población.

Comienza la guerra de los bandidos

A pesar del miedo que inspiraba la flagrante violencia contra los angloamericanos, muchos de ellos no compartían la misma opinión de Ferguson sobre cómo resolver el problema. Querían que la paz se restableciera por medios legales, lo que ciertamente no ocurrió.

Cuando llegaron informes de que unos cincuenta mexicanos habían cruzado el Río Grande cerca de Brownsville en agosto de 1915, el capitán Fox, de los Rangers de Texas, movilizó a sus hombres a la región. El día que llegaron, el rebelde mexicano Luis de la Rosa atacó a un pequeño grupo de personas en Sebastián, Texas. A esto le siguieron saqueos y el anuncio de que planeaba matar a personas prominentes en el sur de Texas. Como señaló el *Dallas*

Morning News, esta declaración demostró que no era México quien estaba detrás de los ataques, sino una banda que hacía lo que le daba la gana.

Así que los ciudadanos empezaron a contraatacar, disparando a las personas que creían que eran bandidos sin ninguna prueba. Solo después de matar a tres sospechosos, la cuadrilla empezó a darse cuenta de que habían matado a hombres inocentes.

Una vez que llegaron los Rangers, las cosas empeoraron inicialmente porque formaron otra cuadrilla que incluía a Ransom. La cuadrilla contaba con catorce Rangers y ocho hombres del 12º de Caballería. Se dirigieron al mayor rancho de Texas, el rancho King. La cuadrilla crecía a medida que avanzaba, y los hombres se sentían más entusiasmados por la lucha que se avecinaba.

Algunos de los hombres se detuvieron en el rancho Norias, donde esperaron mientras los demás salían a buscar a los asaltantes. Uno de los líderes restantes de la cuadrilla, el inspector de aduanas Hines, vio a unos hombres en el horizonte e inicialmente pensó que eran la cuadrilla que regresaba. Sin embargo, rápidamente se dio cuenta de que llevaban sombreros mexicanos y supuso que eran bandidos. Avisó a los demás y estos se dispersaron para intentar ponerse en posición de defensa.

Todos los hombres que se acercaban estaban al mando de De la Rosa, aunque algunos eran mexicanos y otros formaban parte del Plan de San Diego. Su objetivo era interrumpir el servicio ferroviario y robar el tren que llegaría allí. Al no esperar que hubiera miembros de una cuadrilla, los rebeldes no estaban preparados para el ataque inicial. Sin embargo, los asaltantes contaban con unos sesenta hombres y rápidamente iniciaron un ataque más agresivo una vez pasado el susto.

Fue la mayor batalla de la guerra, y duró más de dos horas, ya que los bandos eliminaban uno a uno a los miembros del otro. De la Rosa fue asesinado hacia el final, y los asaltantes parecieron perder su deseo de luchar después de eso. Esperaban una incursión fácil, pero se encontraron con un contingente mucho mayor de defensores bien armados.

Aproximadamente una hora después de que terminara la incursión, la cuadrilla regresó al rancho Norias. Todos los Rangers se habían perdido la acción, lo que molestó a muchos de ellos que querían participar en un tiroteo. Cuando Ransom comenzó a criticar cómo habían respondido los defensores, Pinkie Taylor, un antiguo Ranger, cortó rápidamente las críticas de espectadores. Criticar a los que acababan de estar bajo el asalto de un gran contingente de bandidos no estaría permitido, especialmente por un hombre que acababa de ser nombrado Ranger.

A pesar de su deseo de luchar, los Rangers y otros miembros de la cuadrilla decidieron no perseguir a los asaltantes ese día. Esperando al día siguiente, salieron a seguir a los bandidos. Encontraron varios rebeldes muertos en el camino, así como un superviviente. El superviviente les dijo que el principal objetivo del ataque era devolver el valle del Río Grande a México. Murió poco después, sucumbiendo a las heridas que había sufrido el día anterior, aunque algunos piensan que Ransom pudo haberlo matado.

Cuando un fotógrafo llegó al día siguiente para tomar fotos, los Rangers estaban más que contentos de posar y atribuirse el mérito de lo ocurrido, aunque no habían participado en la lucha. Trataron los cuerpos de los bandidos con desprecio, arrastrándolos detrás de sus caballos. Esto enfureció no solo a los mexicanos, sino también a muchos estadounidenses que vieron las imágenes.

A pesar de la indignación por el trato dado a los cadáveres, la gente empezó a temer lo que estaba ocurriendo, y se enviaron soldados para vigilar la frontera. Menos de dos semanas después de la pelea en el rancho, diez personas habían sido asesinadas sin ninguna prueba de que formaran parte del complot. Los ciudadanos incluso empezaron a disparar a personas que parecían mexicanos armados. Incluso después de que se informara de que todos los insurgentes habían sido capturados y abatidos, los Rangers continuaron persiguiendo y matando a las personas de las que sospechaban que formaban parte del plan.

Inicialmente, el plan había sido matar a ciudadanos prominentes, pero pronto se convirtió más en un grito de guerra para asaltar y saquear zonas. La respuesta de los Rangers no fue mejor. Mataron a civiles inocentes con la excusa de la justicia y no se enfrentaron a ninguna consecuencia por matar a mexicanos inocentes. Se creó un sentimiento de desconfianza entre los estadounidenses, los mexicanos y los mexicano-estadounidenses que todavía no ha sanado.

Capítulo 15 - Atrapando a Bonnie y Clyde

Los dos criminales más conocidos que los Rangers de Texas llevaron ante la justicia fueron el infame dúo Clyde Champion Barrow y Bonnie Elizabeth Parker, más conocidos simplemente como Bonnie y Clyde. Mucha gente los consideraba héroes, como Sam Bass. Bonnie y Clyde luchaban contra la clase dirigente que había prosperado a costa de los estadounidenses, o al menos así los veía mucha gente en aquella época. La moderación de los Rangers, que se aseguraron de que ningún civil resultara herido, demostró que habían cambiado desde la guerra de los Bandidos.

La banda de Barrow

La famosa pareja se conoció en enero de 1930, cuando Bonnie tenía 19 años y Clyde 21. Bonnie estaba casada cuando se conocieron, pero su marido estaba en prisión por asesinato. Poco después de su encuentro, Clyde fue arrestado por robar, pero escapó después de que Bonnie le consiguiera una pistola. Fue rápidamente recapturado y finalmente sería liberado en 1932. Al parecer, Bonnie le estaba esperando y comenzaron su infame vida delictiva en Texas.

Poco después se les unieron otras personas, como Raymond Hamilton, aunque solo lo hizo durante unos meses. Después de seguir su propio camino, William Daniel Jones se unió a la pareja. Cuando Ivan Barrow salió de la cárcel en 1933, se unió a su hermano y a Bonnie. Su esposa, Blanche, también se unió a la banda, con lo que el número total de miembros era de cinco (tres hombres y dos mujeres). Este fue el comienzo de la banda de los Barrow. Rápidamente intensificaron sus crímenes y su reputación creció más allá de Texas, captando la atención de todo el país. Cuanto más conseguían eludir la ley, más intensa era la caza para capturarlos. Durante el tiempo que estuvieron juntos, la prensa y los ciudadanos solían llamarlos la Banda de Barrow o Barrow y Parker. El apodo de Bonnie y Clyde se utilizó ocasionalmente, pero no se popularizó hasta la película *Bonnie and Clyde*, estrenada en 1967. Parece ser que fue Bonnie quien realmente se refirió a ellos como Bonnie y Clyde, ya que escribió el poema "La historia de Bonnie y Clyde". El poema se publicó en uno de los periódicos de Dallas más o menos cuando ella murió.

Una de las razones por las que eran tan hábiles para evitar la aprensión era que estaban en constante movimiento. Clyde conocía muchas de las carreteras secundarias y conducía mucho más rápido de lo que la mayoría de los agentes de la ley preveían. También había conseguido robar varios rifles de alta potencia de una de las armerías de la Guardia Nacional, y no temía utilizarlos más que las escopetas recortadas y las pistolas que tenía. Teniendo en cuenta que era algo paranoico y que era propenso a disparar si sentía que algo estaba fuera de lugar, Clyde era un hombre muy peligroso para acercarse. Su potencia de fuego era superior a la de la mayoría de las fuerzas del orden, lo que hacía menos probable que alguien intentara atraparlo con vida. En las pocas ocasiones en las que se vio atrapado, Clyde pudo salir a tiros gracias a la cantidad de armas que tenía.

En julio de 1933, Iván, el hermano de Clyde, murió en un tiroteo mientras la banda estaba en Iowa. Su esposa fue capturada por las fuerzas del orden. Jones fue capturado ese mismo año en Houston.

Bonnie y Clyde se las arreglaron por su cuenta durante un tiempo, escapando incluso de una trampa que les tendieron en los alrededores de Grand Prairie, Texas. Tras sobrevivir a la trampa, la pareja robó el coche de un abogado y se dirigió a Oklahoma. Una vez que pusieron mucha distancia entre ellos y los hombres que casi los mataron, la pareja abandonó el coche. Alrededor de un mes después, llegaron a Luisiana, donde continuaron robando a personas prominentes.

En enero de 1934, la pareja quería reconstruir su banda. Clyde optó por ayudar a cinco hombres a escapar de la granja de la prisión estatal de Eastham, situada en Waldo, Texas. Los presos fugados utilizaron pistolas automáticas para disparar a dos guardias. Una vez que estuvieron cerca de él, Barrow protegió a los presos que huían utilizando una ametralladora. Dos fugados notables fueron el ya mencionado Raymond Hamilton, al que se le había impuesto una condena de más de doscientos años, y Henry Methvin.

Unos meses después, Bonnie y Clyde se encontraron con dos patrulleros en Grapevine, Texas. Los dos hombres eran jóvenes e inexpertos, y antes de que tuvieran la oportunidad de coger sus armas, la pareja les disparó. Unos días después, consiguieron secuestrar a un jefe de policía en Oklahoma y matar a un agente.

La mayoría de los crímenes que cometieron se hicieron en lugares pequeños y más difíciles de encontrar, lo que facilitó la huida de la banda. Los Rangers se dieron cuenta de que estaban visitando a sus familiares, algunos de los cuales vivían cerca de Dallas, por lo que se apostaron cerca de sus casas. En un par de ocasiones, terminaron en tiroteos con las fuerzas del orden porque seguían regresando con sus familias.

Resulta interesante observar lo unidos que estaban los dos a sus familias, sobre todo porque estas se pasaron décadas insistiendo en que Bonnie y Clyde solo mataban en defensa propia. Según su familia superviviente, fueron los otros miembros de la banda los que cometieron la mayoría de los asesinatos de los que se culpaba a la pareja.

Con el apoyo del FBI

En 1934, la pareja no solo era perseguida por las fuerzas del orden local y estatal, sino que también se había convertido en objetivo del FBI. Esta agencia pudo proporcionar información mucho más sólida sobre la pareja y publicó avisos de búsqueda en todo el país. También proporcionaron fotografías de la pareja, huellas dactilares y datos sobre ellos a las fuerzas del orden de todo el país. Como Bonnie y Clyde habían conducido un coche robado hasta Luisiana, sus crímenes se convirtieron en un delito federal. Con sus antecedentes, el FBI los trató inmediatamente como una grave amenaza.

El FBI puso la mayor parte de su énfasis en el seguimiento de la pareja en Luisiana. En abril de 1934, el FBI creía haber rastreado al infame dúo hasta un lugar remoto del estado, cerca de donde vivían los Methvin. Aunque querían capturar a algunos de los convictos fugados, su atención se centró en la detención de los dos jefes de la banda. Al enterarse de que la pareja había organizado una fiesta con Methvin y su familia en uno de los lagos cercanos, los agentes de la ley se prepararon para tender una emboscada a la pareja cuando regresaran de la fiesta y se dirigieran a Sailes, Luisiana.

Un pequeño pelotón de agentes del FBI y Rangers de Texas se escondió entre los arbustos junto a la carretera. El ex Ranger de Texas Frank Hamer era uno de los hombres que estaban preparados para disparar al ver el coche de la pareja. Había dimitido en 1932 tras la elección de la gobernadora Miriam Ferguson, a quien consideraba demasiado blanda con el crimen. Teniendo en cuenta su riqueza de conocimientos, Hamer puso a disposición sus servicios como investigador especial. Luisiana lo contrató como patrullero de carretera específicamente para atrapar a Bonnie y Clyde. Se había familiarizado bien con el tipo de patrones que Clyde solía utilizar cuando se ceñía a las carreteras secundarias, por lo que Hamer fue capaz de anticipar por dónde era probable que pasara el dúo criminal y la ruta que utilizarían. La mayor parte del mérito de la preparación de la emboscada corresponde al sheriff Henderson Jordan, de Luisiana, porque fue él quien había establecido un acuerdo para perdonar a Methvin si la familia entregaba a la pareja. Sin su persuasión con la familia Methvin, los agentes de la ley no habrían sabido dónde estaban Bonnie y Clyde. Hamer también tenía que desempeñar un papel en la consecución de la inmunidad de Methvin en Texas. Juntos, Hamer y Jordan fueron los dos miembros principales de la cuadrilla que se encargaron de tender una emboscada para detener finalmente la ola de crímenes de la banda de Barrow. Sin Bonnie y Clyde, sabían que la banda se disolvería.

Los agentes de la ley habían intentado atrapar a la pareja unas semanas antes de la emboscada, pero no lo consiguieron. La emboscada se preparó esta vez para asegurarse de que este problema no se repitiera. Escondidos entre la maleza y la hierba alta, los hombres esperaron a que la pareja se pusiera a tiro.

El ayudante del sheriff Oakley fue el primero en disparar a la infame pareja, ordenándoles que se detuvieran. Clyde iba a gran velocidad e ignoró la orden. El dúo había salido ileso de emboscadas similares con anterioridad, y lo más probable es que Clyde pensara que podrían escapar de nuevo. Al acercarse a ellos, Barrow consiguió abrir una de las puertas y pareció prepararse para apuntar con una escopeta recortada a los agentes de la ley, pero finalmente se vio superado. Con cinco oficiales saliendo rápidamente de entre los pastos, no tuvo oportunidad de disparar antes de que los agentes de la ley comenzaran a disparar. El coche continuó durante aproximadamente media manzana antes de caer en un terraplén, ya que uno de los agentes de la ley había disparado intencionadamente a una rueda. La mayor parte del resto de los disparos habían ido a parar a la carrocería del coche.

Seis hombres habían acechado para emboscar a Bonnie y Clyde. Al final no hubo tiroteo porque Clyde no tuvo oportunidad de disparar cuando se dio cuenta de que la policía estaba allí. Después de seis meses de seguirles la pista, Hamer es quien mejor describe el suceso:

> Puedo decir lo que pasó esta mañana. Les disparamos al diablo, eso es todo. Eso es todo. Les tendimos una trampa. Una trampa de acero... Estábamos escondidos al lado de la carretera. Los seis en un lado —no queríamos fuego cruzado— y cuando llegaron, les gritamos que se detuvieran. Ambos sacaron sus armas, pero fueron un poco lentos. Parecía que debían tener calambres o algo así.
>
> Fueron demasiado lentos. No llegaron a disparar. El coche se estrelló contra un terraplén después de disparar. Clyde conducía cuando intentamos detenerlos. Bonnie estaba sentada a su lado.

La reputación que se ganó la Banda de los Barrow como héroes del pueblo no es del todo exacta, aunque sus muertes no fueron bien recibidas por la mayoría de la gente. Sin embargo, la gente que era consciente de lo peligrosa que era la banda se alegró de que por fin los detuvieran. Como muchos de sus primeros robos se produjeron en tiendas y lugares poco transitados, Bonnie y Clyde habían matado a civiles, además de robar a personas menos adineradas.

Independientemente de lo que la gente sintiera por Bonnie y Clyde, su muerte fue una gran noticia que ganó mucha atención para Hamer. La entrevista que Hamer concedió tras la muerte de la pareja fue una de las pocas veces que habló de ello a los medios de comunicación. Incluso rechazó una invitación para celebrar su condición de héroe nacional en Austin. No deseaba la atención que el acontecimiento le brindaba, simplemente quería detener a los mortíferos criminales antes de que pudieran matar a alguien más.

Capítulo 16 - El asesinato de Irene Garza

Tras los cambios introducidos en los Rangers en la década de 1920, la organización policial actuaba mucho más como agentes de la ley que como forajidos. El hecho de que produjeran a alguien que fuera capaz de calcular la mejor manera de acercarse a los tristemente célebres Bonnie y Clyde, y de evitar que ningún civil sufriera daños, demuestra lo mucho que habían avanzado desde la década de 1910. En la década de 1960, los Rangers de Texas habían evolucionado hasta convertirse en una agencia policial fiable y reputada que se dedicaba a garantizar que se hiciera justicia.

Uno de los casos más intrigantes de los Rangers de Texas en la década de 1960 fue la muerte de Irene Garza. Se tardaría más de medio siglo en resolver finalmente el asesinato, pero los Rangers consiguieron atrapar a su asesino.

El asesinato

Irene Garza había vivido en McAllen, Texas. Había crecido en el estado, convirtiéndose en la primera bastonera latina de la escuela secundaria de McAllen, y luego se convirtió en el primer miembro de su familia en graduarse en la universidad. Durante su estancia en la universidad, se convirtió en la reina de la fiesta de bienvenida y del baile; recibió la corona de Miss All South Texas Sweetheart en 1958. Después de todos estos logros, Garza se estableció en McAllen, Texas, y se convirtió en maestra de los niños más pobres de la ciudad.

En abril de 1960, cogió el coche de la familia para ir a la iglesia. Como buena católica, iba a confesarse antes del domingo de Pascua.

Al día siguiente, el coche de la familia seguía aparcado fuera de la iglesia del Sagrado Corazón, pero nadie sabía dónde estaba Garza. La pregunta sobre su paradero se respondería finalmente cuatro días después del Domingo de Resurrección, cuando se encontró su cuerpo en un canal de riego cerca de la iglesia. No se había ahogado; alguien la había apaleado y asfixiado.

Las sospechas recayeron inmediatamente sobre el sacerdote que debía haberla confesado la noche de su muerte, el padre John Feit, de 27 años. El sacerdote había admitido haber escuchado la confesión en la rectoría, en lugar de hacerlo en el confesionario, donde se supone que se producen las confesiones. Uno de sus compañeros sacerdotes informó de que había notado arañazos en las manos de Feit más tarde de la noche. Feit también era dueño del cordón negro que se encontró en el canal, que se cree que se utilizó para atar las manos de Garza.

Al investigar el historial de Feit, la policía descubrió que alguien con su descripción había atacado a otra mujer en una iglesia cercana menos de un mes antes de la muerte de Garza. Feit también había sido sospechoso en ese caso.

El sacerdote fue sometido a la prueba del polígrafo, y esta indicó que mentía sobre su papel en ambos casos cuando intentó negar la conexión con él. Sorprendentemente, Feit se declaró inocente y no tuvo que cumplir ninguna condena en la cárcel. No se presentó nada contra él en el asesinato de Garza.

Se desconoce por qué no se hizo nada contra el sacerdote, pero se especula que fue debido a su prominente papel en la Iglesia católica. Debido a su posición, la gente no estaba dispuesta a interrogarlo o pensaba que no se haría nada debido al papel que la Iglesia católica desempeñaba en la comunidad.

Apertura del caso sin resolver

Como no se presentaron cargos contra Feit, el caso de Garza se enfrió durante cuarenta años. Permaneció en los casos sin resolver de los Rangers de Texas hasta 2002, y para entonces, Feit había dejado el sacerdocio, lo que significaba que ya no tenía la misma protección. Además, había más personas dispuestas a contar lo que habían visto.

Cuando se reabrió el caso, otro sacerdote se presentó para decir que Feit se había jactado de lo que había hecho cuando habían vivido en un monasterio durante la década de 1960. Aunque su nombre no fue utilizado, Feit había hablado de escuchar la confesión de una feligresa, y luego la agredió una vez que terminó. Después la asfixió y la arrojó a un canal.

Los Rangers de Texas también buscaron el testimonio del padre Joseph O'Brien, que había denunciado los arañazos cuarenta años antes. Insistió en ser llevado ante un gran jurado para hablar de la información que tenía sobre Feit.

El fiscal del condado de Hidalgo, René Guerra, no quiso aceptar las pruebas, diciendo que se necesitaba más. Alegando que no se podía hacer nada sin una confesión o sin pruebas de ADN, Guerra se negó a juzgar un caso que tenía varias décadas de antigüedad. Cuando la gente le hizo saber que eso era inaceptable, finalmente llevó las pruebas a un gran jurado, pero entonces se negó a dejar hablar a ninguno de los sacerdotes con información sobre Feit. Sin esas dos piezas clave de información, el gran jurado no acusaría al ex sacerdote. Al no poder avanzar de nuevo, el caso comenzó a enfriarse.

Sin embargo, esta vez, los Rangers de Texas no le permitieron permanecer inactivo, incluso después de la muerte del padre O'Brien en 2005.

Desde el asesinato, Feit había dejado el sacerdocio, se había casado y había tenido sus propios hijos. Parecía haber vivido una vida tranquila en Arizona, siendo sus crímenes una parte de su pasado lejano. Esta vida tranquila, sin embargo, no iba a durar.

Los Rangers de Texas finalmente obtuvieron lo que necesitaban en términos de apoyo del fiscal del distrito después de que otra persona fuera elegida para el cargo en 2015. Con alguien más centrado en la búsqueda de la justicia al frente en lugar de alguien que dejara el pasado en el pasado, Feit fue arrestado a principios de 2016. Ahora, con 83 años, tendría que enfrentarse a sus crímenes de hace tanto tiempo frente a un jurado, aunque eso llevaría un tiempo, ya que tenía que ser extraditado de vuelta a Texas, y su equipo legal también tenía que idear su defensa. Finalmente, en noviembre de 2017, comenzó su juicio. Debido a las pruebas que apuntaban en su contra, incluyendo el testimonio del sacerdote que había escuchado a Feit jactarse del asesinato, Feit fue condenado un mes después. En un gesto simbólico por la cantidad de años que había evadido a la justicia, la fiscalía pidió que el anciano de 83 años fuera condenado a 57 años de prisión. La defensa de Feit intentó mitigar las acciones de su cliente señalando la vida limpia que Feit parecía haber llevado desde el asesinato. Al final, sin embargo, el jurado no optó por ninguna de las dos opciones. En su lugar, condenaron a Feit a cadena perpetua (aunque 57 años también sería una cadena perpetua para alguien de 80 años). Aunque fue un caso largo y difícil debido a la política implicada, los Rangers de Texas no renunciaron a encontrar justicia para Irene Garza.

Capítulo 17 - Su papel en la actualidad

Con una historia tan extensa, los Rangers de Texas han sufrido muchos cambios para llegar al punto en el que se encuentran hoy. Aunque ya no son necesarios para la protección de los colonos, siguen luchando contra los delincuentes y trabajan para garantizar que los criminales sean llevados ante la justicia sin importar el tiempo que haya pasado desde que se produjo el delito.

En la actualidad, los Rangers de Texas son una de las divisiones del Departamento de Seguridad Pública de Texas. Su función principal es dirigir una serie de investigaciones criminales, que incluyen

- Seguridad fronteriza

- Incidentes graves

- Corrupción pública

- Integridad pública

- Tiroteos en los que están implicados agentes

- Crímenes sin resolver y en serie

De los diez hombres que en su día formaban la fuerza irregular, ahora hay más de 200 personas empleadas en la división, de las cuales 166 están comisionadas como Rangers. Los miembros restantes apoyan a los Rangers con una amplia gama de servicios, tales como

- Administración
- Centro de Operaciones de Seguridad Fronteriza
- Centros de Operaciones Conjuntas y de Inteligencia
- Armas y tácticas especiales

Muchos de los servicios y equipos más especializados son gestionados por el Grupo de Operaciones Especiales.

Los resultados de su trabajo son objeto de un seguimiento bastante exhaustivo. A continuación, se presentan las estadísticas de su trabajo solo en 2018:

- 2.726 investigaciones
- 1.071 detenciones por delitos graves
- 77 detenciones por delitos menores
- 758 confesiones
- 524 condenas

Desde el cambio de siglo, su papel ha seguido cambiando debido al aumento de diferentes amenazas, especialmente el terrorismo y la actividad de los cárteles de la droga. Para proteger a los ciudadanos de estas amenazas, se han creado departamentos y equipos más especializados. Al mismo tiempo que se enfrentan a las nuevas amenazas, los Rangers siguen trabajando en casos sin resolver para que el mayor número de personas sean llevadas ante la justicia. También prestan una gran ayuda a las investigaciones ordinarias, proporcionando orientación adicional cuando es necesario. Al ser uno de los estados en los que suelen operar los cárteles, los Rangers de Texas tienen una idea mucho más clara de lo que ocurre en ese mundo, así como de la mejor manera de proteger a la población de los narcotraficantes y de los miembros de los cárteles. Tienen un permiso especial para entrar en las zonas y trabajar por su cuenta en las regiones donde los funcionarios locales no quieren o no pueden mantener o restablecer el orden. Cuando es necesario, los Rangers de Texas pueden comparecer en los tribunales a petición de un juez para proteger a los presentes, sobre todo en los casos de mayor repercusión o en los que los delincuentes son peligrosos. La agencia también cuenta con impresionantes habilidades forenses, incluyendo algunos de los métodos más actuales y menos comunes, como la hipnosis y la reconstrucción facial.

Son una de las agencias policiales más reconocidas de Estados Unidos, por detrás del FBI. Trabajan en delitos más allá de las fronteras estatales, según sea necesario, para garantizar que los delincuentes a los que han seguido la pista no se escapen.

Conclusión

Los Texas Rangers existen desde antes de que Texas obtuviera su independencia. Aunque se crearon como una forma de proteger a los colonos, su propósito evolucionó y cambió a lo largo de casi doscientos años.

Cuando Texas formaba parte de México, eran pocos y estaban compuestos por voluntarios. La combinación de muchos especialistas diferentes en los Rangers los hizo muy eficaces a la hora de proteger a los colonos de los hostiles nativos americanos y de los bandidos. Siguieron cumpliendo esta función durante varias guerras, actuando más bien como protectores mientras los ciudadanos huían. Debido a las guerras, los Rangers se establecieron como una fuerza permanente en lugar de ser solo un grupo de voluntarios. Una vez que Texas se convirtió en un estado americano, el papel de los Rangers se volvió mucho menos seguro. Las leyes que el pueblo debía seguir ya no eran algo que los Rangers hicieran cumplir, en parte porque no todos conocían las leyes de los Estados Unidos. Texas también tendría que resolver las leyes estatales que iban en contra de las leyes federales de EE. UU., lo que significaba que no se sabía qué leyes debían mantenerse y cuáles debían ignorarse.

El estallido de la guerra civil estadounidense también dividió a los Rangers. No todos creían en lo que representaba la Confederación, sobre todo después de que el estado se hubiera introducido recientemente en EE. UU. Las amenazas potenciales de México tampoco cesaron por el hecho de que se produjera la guerra civil. Al contrario, significaba que se necesitaba más protección a lo largo de las fronteras, ya que algunos mexicanos trataban de aprovechar la guerra para empezar a reclamar regiones para México o simplemente para asaltar regiones mientras Texas y Estados Unidos eran más vulnerables. Estar divididos entre diferentes bandos e intereses tendría un efecto muy negativo en la agencia, especialmente cuando empezaron a convertirse en la agencia a la que la gente acudía en busca de la ley y el orden.

Los Rangers de Texas tampoco han tenido siempre una reputación estelar. Como la intolerancia ha sido un problema desde su creación, existen comunidades que aún hoy tienen problemas para confiar en los Rangers. En un momento dado, el comportamiento de los Rangers era aborrecible porque no estaban controlados por el gobierno. Esto les permitía actuar esencialmente como si escribieran y aplicaran las leyes.

Tras ser reformados durante la década de 1920, los Rangers de Texas empezaron a adoptar las funciones que desempeñan hoy en día, ya que evolucionaron hasta convertirse en una fuerza de élite de agentes de la ley que tendían a seguir las normas para asegurarse de que ellos mismos no cometieran delitos. Su evolución ha contribuido a que sean eficientes y eficaces a la hora de capturar a algunos de los criminales más notables de la historia de Estados Unidos.

Los Texas Rangers seguirán evolucionando a medida que cambien las leyes y la política. Como ya no están atados a los caprichos del gobernador o de cualquier otro individuo, esto significa que pueden asegurarse de que las leyes sean cumplidas no solo por los ciudadanos, sino por las personas en posiciones de poder.

Vea más libros escritos por Captivating History

Referencias

29d. The Mexican-American War, US History, 2019, Independent Hall Association in Philadelphia, www.ushistory.org/

5 Infamous Presidential Assassinations and Attempts, Audrey W., Arcadia Staff, 2020, Arcadia Publishing, www.arcadiapublishing.com/

A Brief History of the Texas Rangers, Mike Cox, 2018, Texas Ranger Hall of Fame and Museum, www.texasranger.org/

African Americans, Bullock Museum, 2020, Bullock Texas State History Museum, www.thestoryoftexas.com/

Agustín de Iturbide – Emperor of Mexico, The Editors of Encyclopedia Britannica, 2020, Encyclopedia Britannica, www.britannica.com/

Austin, Moses, David B. Gracy II, 2020, Texas State Historical Association, tshaonline.org/

Bandit Era in South Texas: Norman Rozeff, May 4, 2014, Summary Planet, www.summaryplanet.com/

Barbed Wire and the Fence Cutting Wars, Ancestry, 2020, www.ancestry.com/

Cherokee War, Handbook of Texas Online, "CHEROKEE WAR," accessed January 05, 2020, Texas State Historical Association, www.tshaonline.org/

Council House Fight, Jodye Lynn Dickson Schilz, 2020, Texas State Historical Association, tshaonline.org/

Father of Texan Independence, Christopher Minister, July 21, 2019, Thought Co., www.thoughtco.com/

Feudin' and Fightin' Friday; Fence Cutting War (Don't Fence Me Out), Sharon Hall, December 20, 2013, Digging History, digging-history.com/

Frank Hammer and the Texas Bandit War of 1915: John Boessenecker, May 6, 2016, The History Readers, www.thehistoryreader.com/

Fredonian Rebellion, Archie P. McDonald, 2020, Texas State Historical Association, tshaonline.org/

Independence and Revolution, 2020, Mexico Newsletter, Mexperience, www.mexperience.com

Joh Wesley Hardin, 1853-1895, Outlaws John Wesley, 2020, FrointerTimes.com, www.frontiertimes.com/

John Wesley Hardin, Famous Texans, 2020, www.famoustexans.com/

Joint Resolution for Annexing Texas to the United States Approved March 1, 1845, Peters, Richard, August 24, 2011, Texas State Library, www.tsl.texas.gov/

Los Diablos Tejanos, Michal Gray, 2000, Images of the West, www.imageswest.digitalimagepro.com/

Martinez, Antonio Maria, Frank Goodwyn, 2020, Texas State Historical Association, tshaonline.org/

Mexican Rule - 1821 - 1835, Katie Whitehurst, 2020, Historical Eras, Texas Our Texas, texasourtexas.texaspbs.org/

Mexican Texas, Arando De Léon, 2020, Texas State Historical Association, tshaonline.org/

Mexican-American War (1846-48), US Navy, August 19, 2019, Naval History and Heritage Command, www.history.navy.mil/
Narrative History of Texas Annexation, Jean Carefoot, August 24, 2011, Texas State Library, www.tsl.texas.gov/
Neches, Battle of the, Hampson Gary, Randolph B. Campbell, 2020, Texas State Historical Association, tshaonline.org/
October 16th, 1909 – Assassin Attacks the President(s), Aloysius Fox, October 16, 2015, Steampunk Symposium
Plum Creek, Battle of, Handbook of Texas Online, "PLUM CREEK, BATTLE OF," accessed January 05, 2020, www.tshaonline.org/
Rangers of the Republic of Texas 1836-1845, Texas Ranger Hall of Fame, 2018, www.texasranger.org
Stephen Fuller Austin, PBS, 2001, New Perspectives on The West, www.pbs.org/
Texas Genealogy Trails: Texas Rangers and the Conner Family, Nancy Price, 2020, Genealogy Trails, genealogytrails.com/
Texas Rangers, Ben H. Procter, 2020, Texas State Historical Association, tshaonline.org/
Texas Rangers, Bullock Museum, 2020, Bullock Texas State History Museum, www.thestoryoftexas.com/
Texas Revolution, Jeff Wallenfeldt, 2020, Encyclopedia Britannica Inc, www.britannica.com/
The Bandit War: Old West Tales, October 22, 2018, thoughtsfromafar.blog/
The History of Barbed Wire, Mary Bellis, March 1, 2019, Thought Co, www.thoughtco.com/
The Injustice Never Leaves You, Monica Muñoz Martinez, September 3, 2018, Harvard College, USA
The Mexican American War, PBS, 2020, American Experience, www.pbs.org/

The Mexican-American War in a Nutshell, NCC staff, May 13, 2019, Constitution Daily, National Constitution Center, constitutioncenter.org/

The Secret History of Anti-Mexican Violence in Texas, Carlos Kevin Blanton, September 21, 2018, Texas Monthly, www.texasmonthly.com/

The Story of Sam Bass, Round Rock Texas, 2020, The Historic Round Rock Collection: An Ongoing History, www.roundrocktexas.gov/

The Texas Fence-Cutting Wars, Old West Tales, July 29, 2018, thoughtsfromafar.blog.

The Texas Ranger: Wearing the Cinco Peso, 1821-1900, Mike Cox, 2008, A Tom Doherty Associates Book, NY

The Texas Revolutionary War (1835-1836), 2020, United States History, www.uswars.net/